Suzanne Valadon
pintora (1865-1938)

Yves Bonnat

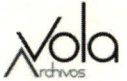

Valadon

Club d'Art Bordas, París 1968

© Herederos de Yves Bonnat, a.p.

Traducción: Rodolphe Crutenau

© Archivos Vola, Madrid, 2024

ISBN: 978-84-128026-5-8
Depósito legal: M-9321-2024

Hecho en Madrid

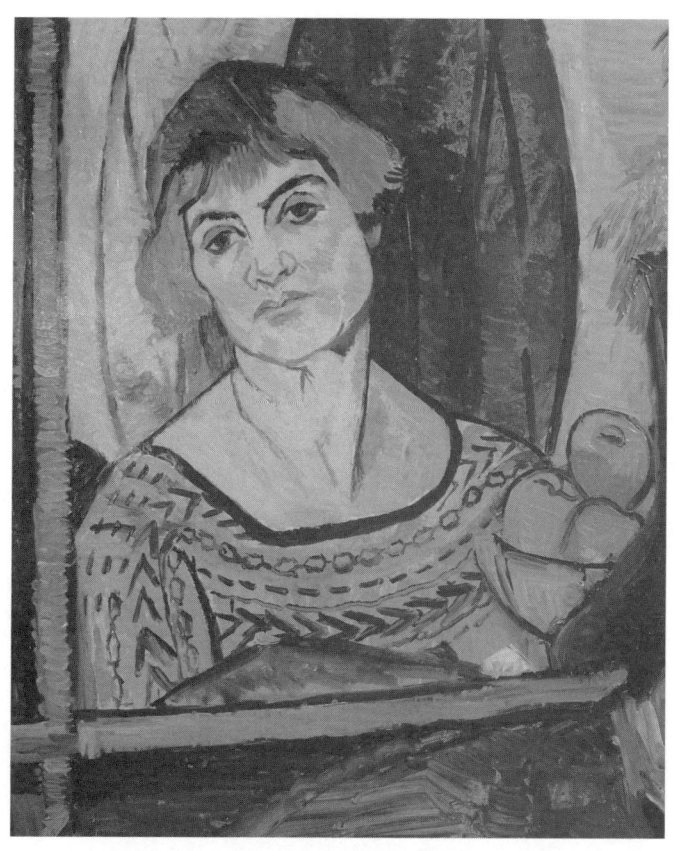

Marie-Clémentine Valadon, conocida como
SUZANNE VALADON
(Bessines-sur-Gartempe, 1865 - París, 1938)
Autorretrato de 1927

Suzanne Valadon
La modelo que se convertirá en pintora

Un joven de veinte años, estudiante de pintura en la Escuela Nacional de Bellas Artes, frustrado por no aprender nada allí, explora las galerías de arte de París. El anuncio de una exposición presentada y presidida por un ministro conocido por su humanismo, Édouard Herriot, le lleva un día de 1932 a la Galería Petit donde acaba de inaugurarse una retrospectiva de la obra de Suzanne Valadon.

La propuesta es austera: blanco y negro, dibujos y grabados. El joven, enredado desde hace meses en las algas de un academicismo decadente, recibe ahí el impacto de un estilo inaudito y de una visión del cuerpo humano que lo trastorna y confunde.

Copiando vaciados de moldes antiguos, adquirió algunas nociones sobre el ritmo, el equilibrio y la armonía. Pero ante los modelos vivos, se sintió obligado a corregir la no-conformidad de las anatomías con la idealización escultórica griega.

En este lugar surgido del azar, grabados y trazos le revelarán que la belleza no tiene reglas fijas y que sólo la sensibilidad, la mirada atenta y el genio creativo son factores del arte.

Cerca del adolescente, los comentarios de los visitantes se explayan. Unos están indignados por la verdad de esos cuerpos observados, así lo creen, con indecencia. Otros se pierden en consideraciones técnicas. También hay, por supuesto, algunos admiradores, seguramente ya conocedores de la obra de la artista.

El joven va combinando el descubrimiento con el entusiasmo, y descubriendo, empieza a amar. No sin preocupación. Semejante distorsión, semejante estoicismo del trazo, se le antojan errores, desatinos. Ese acentuar de los defectos anatómicos, le da una impresión de fealdad, de degradación física, de caricatura.

Durante sus visitas de estudio al Louvre, sin duda sintió que *La Betsabé* de Rembrandt tiene una barriga demasiado grande, que la celulitis en *Las Gracias* de Rubens es poco atractiva o que las *Bailarinas* de Degas parecen a veces ranas. Sin embargo, se deja llevar y acepta poco a poco la autoridad de la mirada de Suzanne Valadon. Pronto adoptará esa mirada.

Y, de repente, aparecen los cuadros, deslumbrantes, en la segunda sala. Los colores llaman la atención:

desnudos, paisajes, retratos, naturalezas muertas y animales, vibran con una misma paleta. Brillo mágico: esmaltes, vidrieras, *Te Deum*, 14 de julio.

Y toda esta celebración tiene su unidad, su estilo. La obra de Suzanne Valadon no revela ninguna quiebra en su evolución. Su sinceridad es indudable. Y tiene su explicación, su justificación: un respetuoso amor por la naturaleza. Con una pluma tan incisiva como su buril, Suzanne Valadon lo dejó escrito:

"La naturaleza se apodera de mí por completo: los árboles, el cielo, el agua y los seres me maravillan apasionada y profundamente. Son las formas, los colores, los movimientos lo que me hicieron pintar; para intentar, con amor y fervor, plasmar lo que tanto amo... En lo que pinto, ni una pincelada ni un trazo que no esté basado en la naturaleza. La naturaleza me aporta el sólido fundamento de verdad sobre el que construir de mis cuadros: yo los concibo pero la motivación es siempre la emoción de la vida."[1]

Esta tierna sumisión a la naturaleza era tan física que una vez admitió no ser incapaz de pintar de memoria siquiera un azucarero.

---

1. Carta publicada como facsímil en el catálogo de la exposición del 18 de febrero de 1942 en la Galería O. Pétridès,

Si colocamos cronológicamente los lienzos, pasteles, dibujos y grabados de Suzanne Valadon, tendríamos ante nuestros ojos la secuencia casi completa de su vida. Una película que empezaría en 1883 con el autorretrato que realizó al pastel cuando tenía dieciocho años y que podría terminar en 1937 con el retrato que hizo de su nuera.

A modo de preludio, podríamos mostrar el fresco de Puvis de Chavannes *El bosque sagrado*, donde una hermosa modelo de quince o dieciséis años aparece cinco o seis veces, ora como adolescente, ora como efebo. Porque Suzanne Valadon, antes de ser pintora, fue aprendiz de modista, niñera, camarera de restaurante, vendedora ambulante de fruta y, por último, modelo.

Esta última profesión estaba sin duda muy vinculada al barrio donde vivió y donde murió: Montmartre. De hecho, allí es donde su madre, antigua lavandera, limpiaba casas por la zona del bulevar Rochechouart, y donde la había llevado, aún bebé, desde Bessines-sur-Gartempe, pueblo del Limosín donde nació, el 23 de septiembre de 1865, y fue bautizda, al día siguiente, teniendo a Matthieu Masbaix por padrino y a Marie-Céline Couland por madrina.

La madre, "Maman Madeleine", tenía treinta y cuatro años. El padre, ausente, quedó registrado como "desconocido".

Hacia 1883, Marie-Clémentine Valadon, que más tarde firmará como "Suzanne", pero a la que los pintores apodaron "Maria", y Degas llamaba "la terrible Maria", era vecina de Toulouse-Lautrec, en la calle Tourlaque, entre el Moulin de la Galette y el cementerio de Montmartre.

Posará ante el genial enano para un retrato (en la Gliptoteca de Copenhague), luego para *La resaca* (en el museo Toulouse-Lautrec de Albi) y probablemente para otras obras.

Entre 1883 y 1885, vaga por los talleres para ganarse la vida: el de Puvis de Chavannes o el de Auguste Renoir también los de Henner, el checo Manis, el americano Howland o los italianos Zandomenghi y De Nitis.

Ese ir y venir será a veces penoso, teniendo que regresar algunas tardes desde muy lejos: el taller de Puvis estaba en Neuilly. Suzanne lo recuerda:

"Acabado el día, regresábamos a menudo andando, desde Neuilly hasta la Place Pigalle. ¡Un buen trecho! Y Puvis no paraba de hablar mientras caminábamos. Era muy amable. Hablaba con suavidad, despacio, sin cesar, comentando esto y aquello. Era curioso como una mujer. Y lo escuchaba, caminando a su vera, sin abrir la boca. Tampoco habría sabido qué decir. Me imponía mucho. No me atrevía a confesarle que hacía mis pinitos con el dibujo; que desde los nueve años cubría de bocetos cada hoja de papel que tenía a mano, para mayor desesperación de mi madre."[1]

Estas líneas nos sugieren las ensoñaciones del *Grand Meaulnes*, de Alain-Fournier, o los devaneos de los *Hommes de bonne volonté* de Jules Romains. Y uno se imagina caminando con el lionés Puvis y la limosina Maria, o Suzanne, la joven Valadon, que avanza, atenta, escuchando.

Pronto, formará parte del tumultuoso círculo que Toulouse-Lautrec, el iconógrafo de "la Goulue" y de Yvette Guilbert, reunía periódicamente alrededor de su caballete y de abundantes botellas.

Una asamblea de pintores y estetas cuyas palabras feroces sientan cátedra... dentro de los confines de las cuatro paredes. Suzanne escucha, aprobando o indignándose calladamente, como ese domingo en que un desconocido de pelo rojo y rostro dramático vino a solicitar la opinión de ese Areópago sobre unos lienzos que traía consigo ciertamente coloridos. La acogida fue gélida, el silencio se impuso. El extraño se

---

1. "Suzanne Valadon et ses mémoires de modèle", en Bulletin de la vie artistique, 15 de diciembre de 1921.

marchó, lleno de decepción. "¡Panda de cobardes!", habría murmurado Valadon. Era Van Gogh.

El año 1883 nos adentra en la vida familiar del artista. La joven traza con una curiosa mezcla de tiza roja y grafito, un perfil casi caricaturizado de su madre. Es "mamá Madeleine", a quien hace pasar por su madre adoptiva, para esconder ante sus amigos pintores, aristócratas por nacimiento o pretensión, la miseria de su condición social.

Por entonces, intenta pasar del dibujo al color rasgando el papel con decididos trazos de pastel, como para representarse a sí misma dura, determinada, inmisericorde. Comparando esta Suzanne, vista por ella misma, con el rostro gracioso que Auguste Renoir hará de ella ese mismo año, bajo el título *Baile en el campo* de 1886 –así como a la nobleza casi-romana de modelo de *La trenza* (1887)–, advertimos que la pintora que está naciendo rechazará toda concesión a la belleza fácil y a la gracia y que su arte se comprometerá exclusivamente con la verdad.

El día siguiente de la Navidad de 1883, dará a luz a un niño al que registrará con el nombre de Maurice Valadon. El padre, que ella declara "desconocido", no será retratado sino ocho años más tarde, para señalar su tardío reconocimiento del niño. Se trata de Miguel Utrillo y Molins.

Y será con tan sólo dos años cuando el pequeño Maurice hará por primera vez de modelo para su madre. La suavidad del trazo de esta sanguina refleja todo el amor de la joven madre por ese niño al que retratará con pasión y ternura a lo largo de toda su vida, ya sea en sus gestos cotidianos o en los dramas de su existencia de alcohólico precoz, de artista genial, de pintor de talla internacional, copiado, plagiado, y finalmente abotagado en una especie de comodidad burguesa, de religiosidad infantil, premisas de una muerte por desgaste.

Aunque los expertos consigan algún día demostrar que el manuscrito es apócrifo, el homenaje a su madre que Maurice Utrillo escribió el 25 de enero de 1942 tiene la autenticidad del reconocimiento filial que ya habían revelado ingenuos poemas anteriores.

"... Esta mujer admirable que fue mi madre, me parecía una criatura de élite... Ella me mimó con su dulce y amoroso corazón, en todas las circunstancias y me aseguró la felicidad incluso después de su fin."

Una importante serie de grabados nos muestra a Maurice con nueve años "jugando, desnudo, con el pie con una palangana"; terminando de asearse ante la mirada de su abuela; yendo al colegio con la mochila al hombro; de la mano de la guapa Catherine; o ya con barba, muy parecido a su padre, con veintisiete años, de frente, con mirada escrutadora, dispuesto a pintar, o detrás de la abuela, sobre cuyas rodillas el perro Pierrot coloca una pata familiar. Y, dos años después –aún más hermoso –, ocultando con la cabeza pensativa el pecho que lo alimentó, en un espléndido retrato de familia cuya composición y cuyo tono evocan las representaciones de las familias señoriales del Renacimiento.

En 1919, Utrillo tenía una amante negra, una Venus exótica, que Gauguin habría apreciado y que Valadon pinta sin poder desprenderse plenamente de la influencia indirecta del maestro de Tahití.

En 1921, nuevo retrato del hijo, en posición de pintar: mismo tema, pero tratado con menos expresionismo, de un modo aparentemente convencional pero en verdad demoledor para el bohemio golpeado por el extravagante choque entre su gloria artística y su degradación física.

Entretanto, ¿qué fue de la familia? Mujer libre, que todo se lo debe a sí misma, Suzanne Valadon tiene idilios y amantes, de los que no sabemos si los quiso. Sí pintó de algunos el retrato, en señal de abandono... o de posesión. Entre estos afortunados, un compositor física e intelectualmente pintoresco que no sabía que le acabarían dando el apodo de "padre de la música moderna", mientras componía *El Valse*, *Las piezas en forma de pera* y la partitura del ballet *Parade*, del que Picasso hará los decorados y el vestuario para los Ballets Rusos de Diaghilev: Erik Satie.

Parece que Satie está perdidamente enamorado de la que llamaba su "querida pequeña Biqui", y cuyos encantos enumera en una prosodia cercana a su escritura musical, evocando con precisión lo que era esta mujer con veintisiete años:

Imposible
No pensar en todo
Tu ser: estás en mí toda entera; por todas partes
Sólo veo tus ojos
Exquisitas, tus suaves manos
Y tus pequeños pies de niña...

La vida es dura. Aún no es momento de vivir del amor... y de la pintura. Seguramente ya ha tenido algunos compradores para sus dibujos y sanguinas: la galería Le Barc de Boutteville, Ambroise Vollard –que pronto se convertirá el más perspicaz y famoso de los marchantes de arte –, el misógino Degas, a quien Toulouse-Lautrec la había enviado y que, llamándola cariñosamente "diablilla", le reconocía "el genio del dibujo"; o el crítico Robert Rey, que le dedicó una monografía en 1922.

Por eso, cerca del agotamiento y atormentada por la salud de su hijo, acepta la mano que le tiende, el 5 de agosto de 1896, un honesto burgués, representante de una casa comercial, el Sr. Paul Moussis, con quien llevaba tres años de relación. Desahogo, seguridad, alojamientos cada vez más confortables, calle Cortot 12, primero, luego en el campo, cerca de Pierrefitte. Puede, sin más preocupaciones, dedicarse plenamente a la pintura. De esta época data la primera de sus obras maestras: *La abuela y la pequeña Rosalía*.

Aquella que, poco antes, el escultor oficial Bartolomé recomendaba a su colega Helleu en estos términos: "...una pobre mujer que carga un enorme fajo de dibujos", ahora, casada, adquiere fuerza.

De este honorable Sr. Moussis poco sabemos, pues la discreción parece haber sido la regla seguida por ambos cónyuges. Además, Suzanne Valadon, cuya vida no fue –¿cómo podría haberlo sido: nacida de padre desconocido, luego joven madre soltera, etc.?– ejemplo de conformismo, era bastante celosa de su intimidad. No resultaba fácil seducirla, ni mucho menos. Guardaba sus secretos y solía tergiversar, por pudor u orgullo, su propia vida o la de su familia. Es verdad que la vida no la mimó, y que, luchando sin descanso, se vengó de la adversidad dilapidando los grandes premios que algunas circunstancias le reportaron. No es menos cierto que, en sus obras y en sus escritos, así como en sus relaciones con sus allegados, su unión burguesa con Moussis permanece, sentimental y biográficamente, misteriosa. ¿Fue felicidad, resignación, dilación? Duró legalmente tres años. Hasta cuando se manifestaron los primeros excesos etílicos del hijo, Vollard le publicó sus primeros grabados (1897) y se enamoró, realmente y creemos para siempre, del pintor André Utter, un joven seductor de veintitrés años.

Ella tenía cuarenta y cuatro. Era una locura, pero duró de hecho un cuarto de siglo, y por amistad cuatro años más. ¡Qué hermoso amante! ¡Qué hermoso modelo encontró! Ella divorcia de Moussis, y los dos se instalan en el callejón de Guelma, al pie de la Butte de Montmartre; colina que luego suben para ocupar vivienda en el número 12 de la calle Cortot, en el taller que acaba de dejar el pintor "nabis" Émile Bernard.

No se casarán hasta 1914, porque el estallido de la guerra impondrá algunas mínimas precauciones legales. Suzanne había finalmente encontrado, además de un compañero de cama, un amigo de su hijo –fue Maurice quien se lo presentó–, un compañero de taller, un administrador, un empresario. Un apoyo completo.

Mamá Madeleine sigue ahí, angulosa, surcada de arrugas, pálida, encorvada, con su prognatismo, y atenta, ¡muy atenta!, aportando serenidad al cuarteto que forma con Suzanne, Maurice y André.

Y esta Madeleine tiene su propia familia. Otra hija, que le da una nieta, Gilberte. Es un suntuoso y sereno doble retrato el que puede verse, ya patinado como un Rembrandt, en el Museo de Bellas Artes de Lyon. Gilberte aún no se separa de su muñeca; cosa que no hará hasta 1921, cuando el nacimiento de los senos y del ligero vello púbico exija el uso del espejo, juguete distinto, y la coquetería de la pulsera. Su madre, Marie Cocat, ha perdido algo de su juventud pero, sin renunciar a adornar a su hija con los atributos de una niña –con su hermoso lazo en el pelo–, le empieza a trasmitir su feminidad.

Gilberte florecerá de mes en mes bajo la mirada de su tía, a quien pintará varias veces la blancura de su desnudez.

En cuanto al modelo masculino, no hace falta ir a buscarlo al "mercado a los modelos". Se levanta de la cama para posar, esbelto y musculoso, con su barba de héroe griego. Es Utter.

Ahí está, poco después de su primer encuentro en el museo Gustave Moreau, rodeado de hojas de vid, en *Adán y Eva*; y también en el centro de esta composición lírica que asestará el golpe final al arte académico oficial: *Lanzando la red*.

Pero Utter también tiene familia. Una madre y dos hermanas, Germaine y Gabrielle. Parece que la madre era discreta y deliberadamente contenida, mientras que las jóvenes eran habladoras y propensas a reír. Suzanne Valadon, que las apreciaba tanto por su carácter como por su condición social, habría querido que una de ellas se casara con su hijo. Conocemos, sin embargo, el gran obstáculo que podía desanimar a cualquier joven deseosa de tranquilidad y respetabilidad.

Respetabilidad, esa es la impresión que desprende este lienzo, *La familia Utter*, y que, de no ser por la exuberante decoración, suscitaría una comparación con los maestros de la escuela jansenista. ¿Suzanne Valadon inspirándose en Philippe de Champaigne? Poco probable. Notemos, sin embargo, la analogía de carácter de las figuras de este maestro con la de Sra. Utter, madre, que parece un clérigo doctrinario y ascético.

Desnudo, de frente, de perfil, de tres cuartos, Utter puebla la obra de Suzanne Valadon. La colección completa es como un poema de amor, un "cantar de los cantares" hasta la madurez del pintor, cuando lo encontramos, algo debilitado, sentado en el tronco de un árbol, con sus dos perros a sus pies. Una circunstancia excepcional nos ha permitido ver, semana tras semana, los diferentes estados de esta importante obra. Pude conocer al modelo durante un altercado nocturno entre artistas borrachos en el bar *La Coupole* de Montparnasse.

Una mañana, a las ocho, me descargó literalmente en el taller del chalet de la avenida Junot, donde tantas bellas obras habían visto la luz. Una hora después, una anciana nos sirvió un café con leche humeante acompañado de unas enormes tostadas con mantequilla. Dos desconocidos, separados por cincuenta y siete años de existencia. Yo era el joven de veinte años, descolocado por la exposición de la Galería Petit. ¡No se olvidan semejantes encuentros!

Volví varias veces –amablemente invitado–, pero nunca vi ese otro lienzo –pintado en paralelo al de la familia Utter– en el que Suzanne, después de muchos autorretratos, mostraba por primera vez su pecho para demostrar que, superados los setenta años, sus senos habían conservado la firmeza de una joven y podían todavía despertar deseo, a pesar de un cuello esculpido con nervios y venas y de un rostro devastado por el cansancio y la enfermedad. El carácter provocativo de esta obra, que, como es obvio, estaba dirigida a Utter el infiel, pone punto y final a la secuencia

–genialmente plasmada– del universo familiar creado, desarrollado y exaltado por Suzanne Valadon.

Vienen dos años durante los cuales el chalet de la avenida Junot va perdiendo moradores. Utter ya sólo tiene con su mujer relaciones de visitante. Maurice se casa con la viuda del banquero belga Robert Pauwels, que adopta el nombre de Lucie Valore-Utrillo, y se va a vivir con ella al pueblo de Le Vésinet.

Último compañero de su soledad, amor místico y maternal, el joven Gazi, llamado "el Príncipe", y que la llamaba "Mémère" [abuela], no aparece en el álbum familiar.

Resulta imposible, al estudiar la vida de Valadon a través de su obra, separar los modelos domésticos de los espacios que ocuparon, de los muebles y los objetos que utilizaban, de los paisajes que les rodeaban, de las flores que allí recogía, de los animales, perros y gatos que fueron pasando, y de las mujeres desnudas que ahí posaron.

Poco hemos hablado de los desnudos. Salvo la dueña de casa, la abuela, las tres Utter y el ama de llaves, todas, aquí (en Montmartre) o allá (en el campo), se desnudaron para complacer a la patrona, la cual te hacía sentir cómodo, al tener menos interés por los premios de la belleza o la elegancia mundana que por las Evas rústicas o de suburbio.

En este sentido, podríamos señalar que, incluso en nuestra era atómica, más de la mitad de las mujeres de nuestra etnia occidental tienen, a veces ya desde la pubertad y sin duda tras los primeros partos, el cuerpo de las modelos de Valadon. Los cánones, variables, de la delgadez están en las revistas y las películas. Las mujeres con las que vivimos no son por ello menos conmovedoras y entrañables.

En cualquier caso, y a pesar de algunas afirmaciones escritas por destacados críticos, no creemos en absoluto que las modelos desnudas de Valadon sean vulgares, viles o miserables.

Esta pintora, que –no lo olvidemos– fue una mujer del pueblo, dibujó la belleza de su entorno, del que nunca renegó –ni siquiera en los esporádicos momentos de prosperidad–; un entorno que mostró, exaltó, magnificó.

Contemplemos las dos grandes bañistas de 1923. Hay algo de Courbet allí (*Las bañistas*, *El taller del pintor*) y también algo de Cézanne (*El bañista en la roca*).

Conocemos los nombres de varias modelos: Gaby, Louison, Marie, Victorine, Adèle, Christiane. Algunas ejercen esta profesión con regularidad. Otras son amigas, como la poetisa Adrienne Farge. Pero la mayoría, como las criadas y las niñeras son de la casa.

Y como las mujeres de Degas, se asean y peinan con total libertad. Son, como Catherine por ejemplo, criadas cuyos cuerpos revelan las huellas del esfuerzo diario. Cuerpos de una humanidad cruda y pesada, plasmada en todas sus carnes y mostrada en un insolente ejemplo de autenticidad.

"DAR, AMAR, PINTAR"[1]

La historia de la pintura parisina del siglo XIX y mediados del XX no se ubica, como en tiempos de los reyes, en el centro de la capital, sino en dos colinas que la enmarcan: Montmartre y Montparnasse.

Ciertamente, no hay ahí nada de premeditado. Aunque la segunda lleve el nombre de Parnaso, no fue para buscar la protección de las musas, por lo que algunos artistas se instalaron allí. Los motivos de esa colonización son en verdad más materiales. Recordemos que estos barrios eran, hace ciento sesenta años, apenas unos pueblos fuera de la circunscripción municipal de París. Sólo en 1860, Napoleón III abrió las famosas "barreras" que delimitaban la ciudad.

---

1. Lema de Suzanne Valadon grabado por el escultor Poisson en el reverso de su medalla conmemorativa (Hôtel des Monnaies, París).

Montmartre, cubierta de vides y poblada de molinos de viento (de los que sólo queda el molino de la Galette, inmortalizado por Renoir), no era totalmente rural. Allí convivían antiguas "casas de campo" con tabernas, fondas y posadas, por lo general de mala fama, y algún cabaret.

Los pintores y escritores, bastante miserables, encontraban allí, al pie de la Butte, viviendas con alquileres modestos,[1] comida menos cara que en la ciudad, e incluso gratuita a cambio de cuadros o canciones, mucha libertad en la convivencia, en la vestimenta y en los comportamientos, así como aire limpio, mucha luz y contacto con naturaleza aún exuberante. Caballos percherones, vacas, burros, perros callejeros, gatos y gorriones componían la fauna. Más abajo, los bulevares exteriores y las callejuelas se iluminaban con lugares de placer, bailes o clubes de cantantes, desde el *Moulin Rouge* hasta el *Élysée Montmartre*, pasando por el *Rat Mort* o el *Chat Noir*.

El foro del barrio estaba dedicado al parisino Pigalle, escultor de la tumba del mariscal de Sajonia. El tranvía de dos pisos tirado por caballos que partía de la Halle aux vins tenía su terminal allí, y el ómnibus Villette-Trocadéro cruzaba la plaza. Lunes por la

1. Renoir alquiló allí en 1875 una casa rodeada de un gran jardín por cien francos al mes. ¡Pero ya era un lujo!

mañana, hombres y mujeres de todas las edades y nacionalidades, se juntaban, discutiendo, alrededor de la fuente en un verdadero mercado de cuerpos para pintores y escultores. La Academia Cormon hacía de refugio, bien calentado, para aquellos que no tenían taller propio o no podían permitirse pagar un modelo.

Los "autóctonos" eran minoría: Toulouse-Lautrec había llegado de Albi; Renoir, como después Valadon, de Limoges. Luego vimos entrar en "el maquis" a los holandeses Van Gogh y Van Dongen, al español Picasso, al italiano Modigliani, entre otros inmigrantes. Estos bohemios del arte se mezclaban con buen humor con la multitud diaria de carreteros, muchachas, chulos... e incluso los *Compagnons du Devoir* que tenían un escuela [de artes y oficios] en la cima. Porque ya en 1875 se había colocado la primera piedra de la basílica del Sacré-Cœur. Y hubo que esperar hasta 1914 para ver cómo sus torres sumaban en la sombra la pequeña y encantadora parroquia de Saint-Pierre.

Ese ambiente conservará durante mucho tiempo sus encantos para aquellos que allí se sumergieron.

Habiendo dejado la rue Tourlaque, tras su accidente en el trapecio del circo Fernando (llamado luego Cirque Médrano y después Cirque de Montmartre)

–la mala suerte del aprendiz– Suzanne sube al número 12 de la rue Cortot, donde, en tiempos de Luis XIV, se alojó un actor de la compañía de Molière, Rosimond; y donde coincidirá con el anarquista Almereyda, el escritor católico Léon Bloy o el pintor Raoul Dufy.

Suzanne dejará, casada, este falansterio por el departamento de Seine-et-Oise (entre los pueblos de Montmagny y Pierrefitte); luego, pasada una década, regresará allí, divorciada y con Utter, a otro taller donde pintar junto con él y Utrillo. El paraíso, al parecer, de esta trinidad que sólo lo abandonará para trasladarse trescientos metros más allá –a la avenida Junot –, a un confortable chalet adosado, sobrevolado por palomas blancas.

Mientras tanto, el trío, habiendo adquirido cierta riqueza con sus obras, se hace con un antiguo castillo de torres medievales en el pueblo de Saint-Bernard, en la Bresse, cerca de Meyzieux, donde Utter había pasado su convalecencia como herido de guerra en 1917.

Allí pintaron numerosos cuadros en sus frecuentes estancias, y mientras no estaban viajando a Córcega y Bretaña, o visitando el Oise, la Sarthe o los Pirineos. De estas vacaciones y traslados quedan radiantes paisajes y luminosos interiores, que dan vida a retratos o desnudos y que encantan frutas recién cogidas y ramos de flores de los jardines brotando de cerámicas locales.

En todas estas casas trotan perros y gatos, los cuales también tienen derecho a sus retratos, en cuya parte inferior están escritos sus nombres: *Ma Fière con cinco años*, *Raminou*, *Pierrot*, *Loulie*, Ma Févillée, *Ali*, *Denis*, *Le bon petit Crapouillot*, *La Misse*. También las vacas sirven como motivo, en un paisaje poético de Meyzieux o en un establo del Beaujolais.

De sus cacerías o de sus encuentros con cazadores furtivos, Utter vuelve con conejos, patos, faisanes, que se transformarán, colocados sobre alguna silla rústica, en hermosas naturalezas muertas.

Valadon describe así su vida, día tras día, con tanto brío, vigor, cuidado, pasión, ambición, perfección, como el que pone en sus amores –por el hijo y por el marido– y en el hogar.

De su pobre madre, lavandera y sirvienta por horas, que la acompañará hasta su muerte (en 1915, a los ochenta y cuatro años), heredará el gusto y el saber hacer de la ropa limpia, del brillo de los muebles y los objetos. Incluso en tiempos de prosperidad, marcados por la presencia en la casa de varias criadas, de un ama de llaves inglesa –la Sra. Lily Walton– e incluso de un chofer con librea, no dejará de dedicar un día a la semana a la colada.

Fuimos varios, los que, en distintas ocasiones, pudimos sorprenderla en esa tarea, los brazos todavía mojados y oliendo a jabón, con su amplio delantal ceñido a la cintura. Ese día no se pintaba. Pero colada, pintura... y cocina... –sus tartas de fruta eran suculentas– se hacían del mismo modo: meticulosamente.

También escribía, con precisión y vivacidad. Esta es una de sus respuestas a un cuestionario que le envió el historiador del arte Germain Bazin: "Pintura donde las superficies, siempre coloreadas, se han simplificado, ampliado, sin perder su tenor matizado y modulado, que cada día realiza con más soltura..."

Sus palabras eran ardientes, a veces apresuradas, buscando convencer, conquistar y, para dar más fuerza a sus argumentos, de pronto soltaba expresiones y invectivas en argot.

Tenía carácter, como lo demuestra esta confidencia que le hizo, siendo ya mayor, a Michelle Deroyer: "Mi madre adoptiva, que era sencilla y no sabía nada, me enseñó, sin embargo, que todo es difícil y que no se debe ser autocomplaciente si se quiere triunfar. Nada se hace muy bien sin mucho amor. Y yo soy la mayor enamorada del mundo. Hice mi trabajo con pasión. Y el destino me trató bien."

Digna, educada, "de buenos modales", cada fin de año, no deja de enviar sus mejores deseos a sus grandes amigos, Degas, Lautrec, Bartholomé... Esta mujercita de ojos brillantes y gafas de hierro, vestida discretamente, se había impregnado de distinción codeándose con ese "señor de Gas" y ese conde de Toulouse-Lautrec, descendiente de los cruzados.

Esta mujercita era en verdad una Señora (en Montmartre se la conocía también como *la duquesa Suzanne*).

DISCÍPULA DE NADIE

Durante mucho tiempo se ha afirmado, aquí y allá, que Suzanne Valadon había sido alumna de estos maestros: Degas, Lautrec.

No es así. Ella misma lo rebatió enérgicamente. Al contrario, era la perfecta encarnación del autodidacta. Nadie sabe de quién sacó esa capacidad y esa necesidad de dibujar. Desde muy joven, siempre dibujó, incluso sobre las paredes y las aceras, con tiza o carboncillo, cuando no había trozos de papel o de lápices, recogidos aquí y allá.

Cabe señalar también que ella ya posaba antes de la aventura del circo. Durante la inmovilidad tras su accidente sólo tuvo como distracción el dibujo. Entonces fue cuando lo perfeccionó, tras haber podido observar el modo de trabajar de los pintores para los que posó.

Lautrec, al visitarla cuando seguía en cama, descubrió ese talento largamente oculto y quedó impresionado. Cogió algunos dibujos y se los mostró a Degas, y éste a su amigo Bartolomé, el cual la recomendó a Helleu, que, a su vez, logró que la debutante pudiera exponer en el *Salon de la Société nationale des Beaux-Arts* de 1894: el *Baño del nieto*, *Abuela y nieto* y tres *Estudios de niños*. Tenía veintinueve años.

Degas, para el cual –decía– sólo hizo de modelo en postura de jinete –subida a un viejo cofre, en el taller de la rue Victor-Massé–, no la consideraba una discípula sino una igual. "María –le dijo una mañana, después de examinar uno de sus desnudos decidido, cruel y audaz–, ¡ahora eres uno de los nuestros!"

Numerosas cartas confirman su opinión:

"Le envío directamente el precio de tres dibujos (que Bartholomé ha visto y por los que quiere felicitarla en persona)..." "Y siempre pienso: 'Esa diablilla de María tiene el genio del dibujo.'" "Puesto que ya tiene una vida acomodada, piense sólo en trabajar, en usar el singular talento que me enorgullezco de encontrar en usted. Esos estupendos dibujos, quisiera ver más..."[1]

1. Cartas de Degas a Valadon respectivamente de 1894, 1900 y 1896.

"Al-Rouart compró un pequeño grabado en Le Veel (rue La Fayette, frente a la rue Saint-Georges) y me lo regaló. ¿Cuándo me mostrará esos dibujos duros y suaves como los que hace tan bien?"

El grabado: fue Degas quien la inició en la técnica, hacia 1895, en concreto, con el llamado "barniz blando", que es la mejor manera de empezar para quien tiene buena mano para el dibujo. Pero pronto María se propondrá renovar por completo el proceso; hasta el punto de confundir a su impresor, Delâtre, por la violencia de los surcos marcados en las planchas de zinc.

Claude Roger-Marx ha analizado con detenimiento esa técnica: "La artista ha marcado su trazo, como lo haría un labrador; el ácido que burbujea en los surcos los ensanchará aún más. La técnica del barniz blando da realce a los grises, los óxidos, los medios tonos. Aquí casi se creería que un escultor delimitó los planos, inventó los perfiles, dio el mismo peso a cada forma y sobre todo a los desnudos que, aunque nacen de la página en blanco, tienen el brillo y la dureza del mármol."

Se grabaron así doce planchas entre los años 1895 y 1896. En 1904, Valadon comenzó con el aguafuerte y en 1908 con la punta seca, que será su predilecta, ahorrándole las malas sorpresas de las reacciones quí-

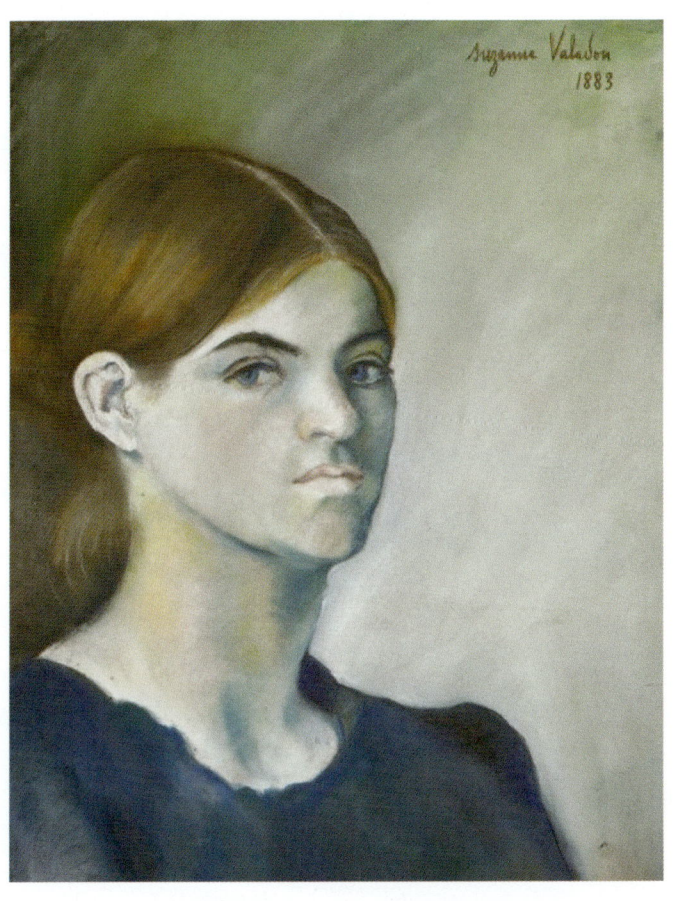

Suzanne Valadon, *Autorretrato*, 1883
Centre Pompidou, París

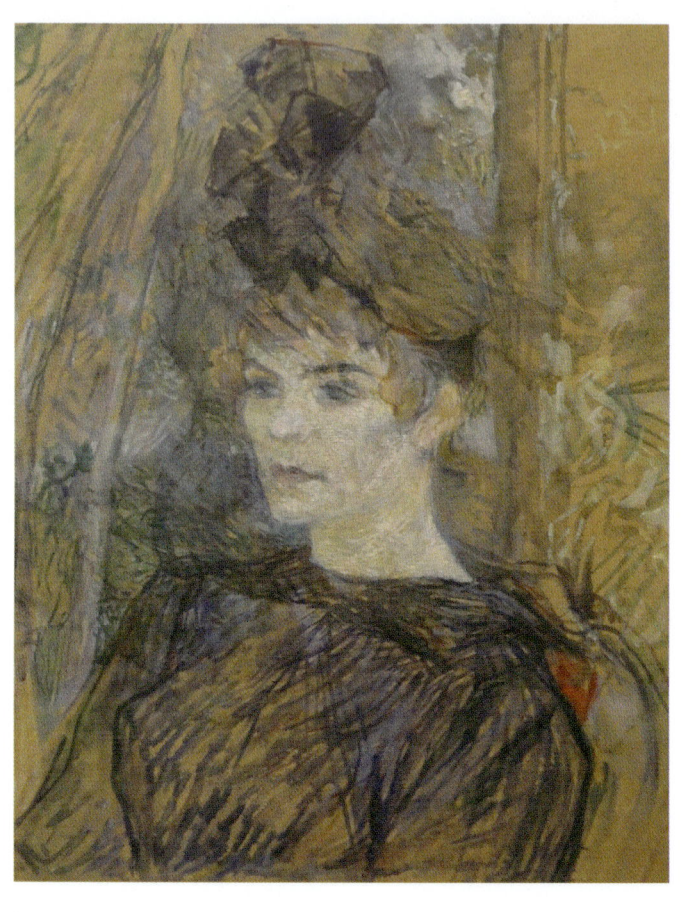

Henri de Toulouse-Lautrec, *Retrato de Suzanne Valadon*, 1885
Gliptoteca Ny Carlsberg, Copenhague

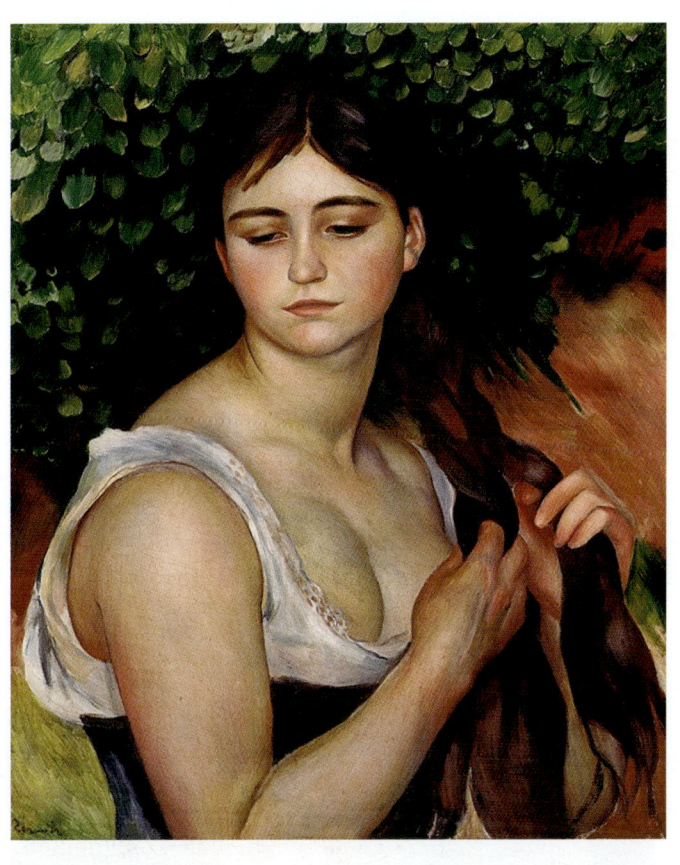

Pierre-Auguste Renoir, *La trenza*, 1887
Museum Langmatt, Baden, Suiza

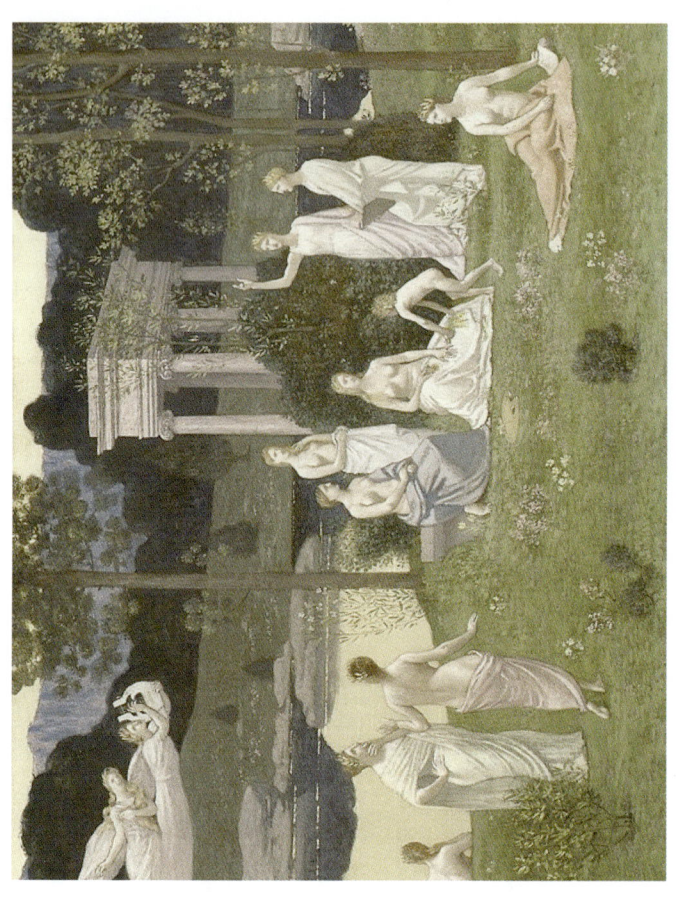

Pierre Puvis de Chavannes, *El bosque sagrado* (detalle),
1884-1889, Art Institute of Chicago

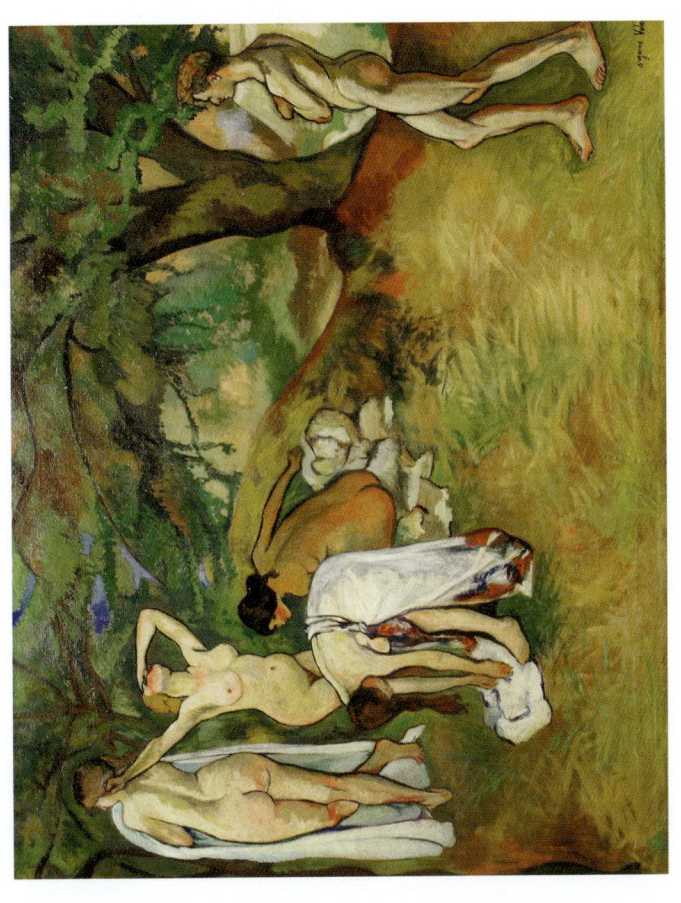

Suzanne Valadon, *La alegría de vivir* (detalle), 1911
Metropolitan Museum of Art, Nueva York

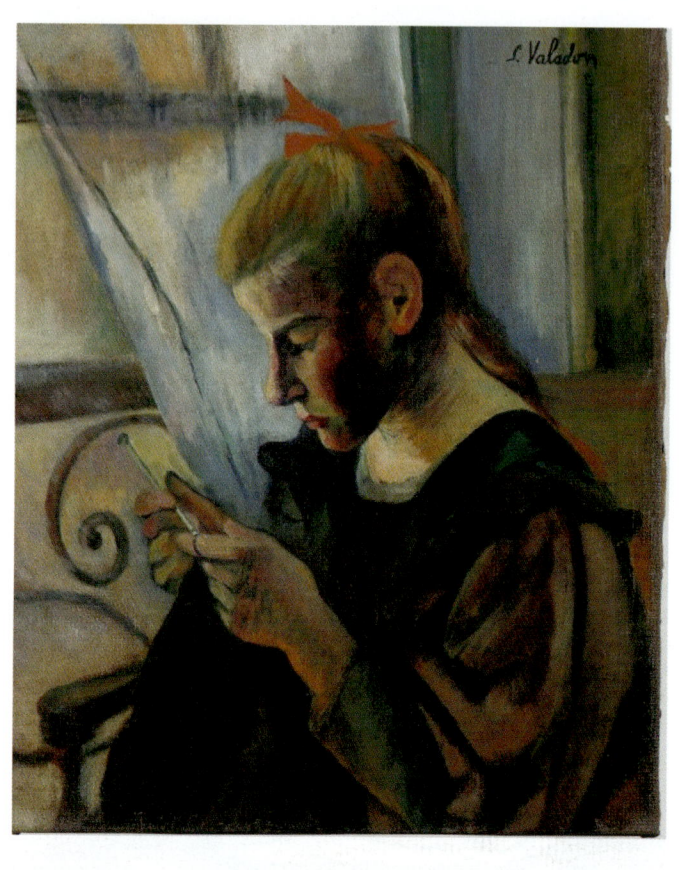

Suzanne Valadon, *Niña haciendo ganchillo*, hacia 1892
Centre Pompidou, París

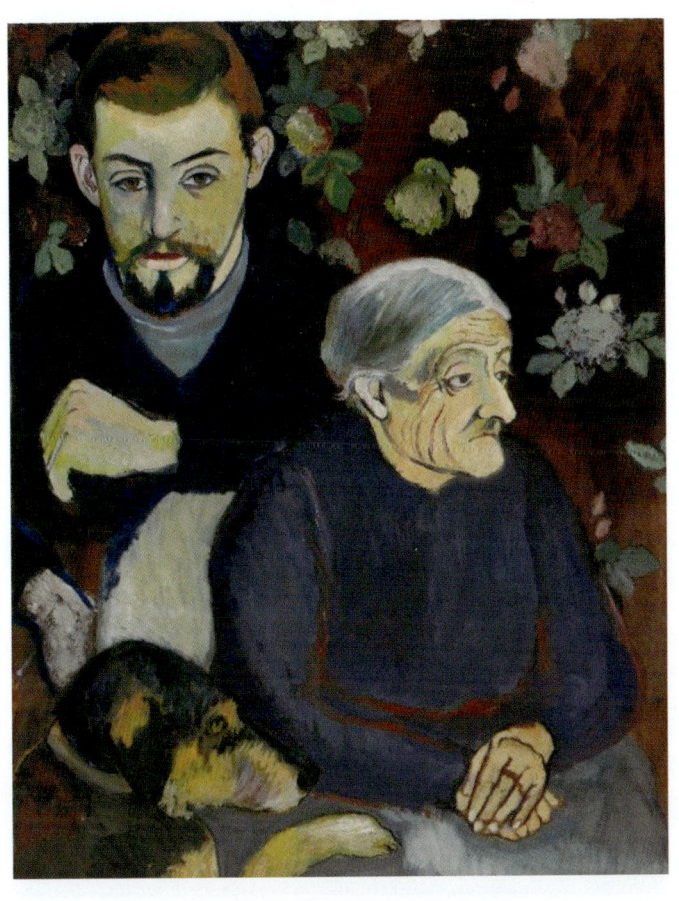

Suzanne Valadon, *Abuela y nieto*, 1910
Centre Pompidou, París

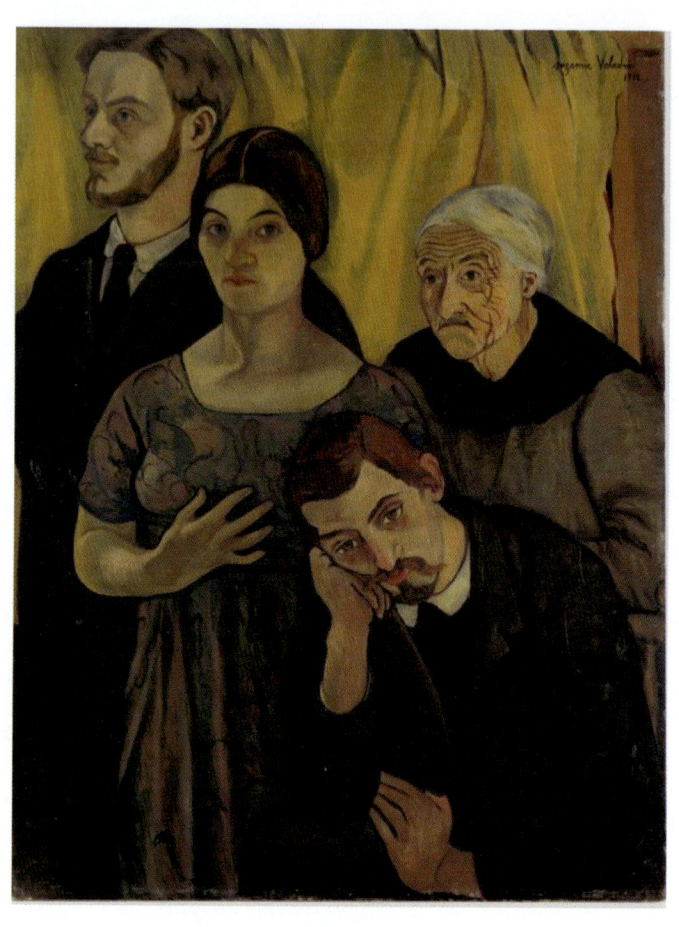

Suzanne Valadon, *Retratos* [*Familia*], 1912
Centre Pompidou, París

micas del ácido sobre el metal y dándole pleno dominio sobre su trabajo.

La tirada de sus grabados fue inicialmente muy limitada: unas treinta copias publicadas por Vollard en *Le Rêve et L'Idée* y por François Bernouard en *Vers et Prose*. Posteriormente, el pintor-impresor Daragnès conseguirá reunir toda la producción en una edición monumental.

La obra grabada de Suzanne Valadon es, en la historia del arte moderno, un monumento considerable, que la Biblioteca Nacional de Francia se honra en conservar casi en su totalidad.

La calidad está a la altura de la devoción que su creadora confesaba profesar por los grabadores del siglo XVI y, en particular, por Lucas Cranach.

Como nadie le había dado lecciones, y ella nunca las había pidió, su aprendizaje consistió en experimentaciones estrictamente personales, así como en un cuidadoso estudio de las técnicas de sus contemporáneos.

Es imposible descubrir en su producción la más mínima imitación de alguien; no faltan, sin embargo, las similitudes; así uno de sus primeros óleos, *Muchacha haciendo ganchillo*, evoca paradójicamente a Carrière, Renoir y los Nabis; el retrato de Erik Satie, a Lautrec; *La Luna y el Sol*, a Puvis de Chavannes y

Gauguin. Obviamente, también podemos comparar *La Venus negra* (o *La Negra*) con Gauguin.

La emancipación del artista comienza realmente en *Ni blanco ni negro*, con la adopción del color puro tal y como le recomendó Renoir.

Finalmente, en 1910, el doble retrato *Abuela y Nieto* supondrá una deslumbrante declaración de independencia de las corrientes contemporáneas a la vez que un retorno a los maestros del arte del siglo XV.

El estilo parece entonces definitivamente adquirido y su evolución futura no tenderá sino a la sobriedad en la ejecución y a la acentuación de la expresión. La pasión de Valadon por la verdad la llevará naturalmente a darlo todo en los retratos, estando los desnudos siempre regidos por la búsqueda del parecido.

Retratista celebrada por las efigies de su familia, empezará a aceptar pedidos. Ahí está Madame Mauricia Gustave-Coquiot, esposa del crítico de arte, escultórica, noble y suntuosa con su vestido de noche que resalta el mágico ramo de gladiolos y orquídeas. O, también, la mujer de otro crítico, Madame Robert Rey, posando con una de sus hijas; o el retrato de otro integrante de esa familia, Victor Rey. Estamos en 1920, un año de gran madurez artística, que le valió a Suzanne Valadon su elección como miembro del jurado del Salón de Otoño.

La Sra. Zamaron, la Sra. Lévy (empresaria), también posan detrás del caballete. Las damas Rivière, vestidas a la última moda de 1924; la señora Germaine Eisenmann, que fue su alumna. El coleccionista inglés Frank Wooster, cuya silueta no pasará del boceto, al no haber la pintora cumplido con las exigencias estéticas de su cliente. Otro boceto: el del doctor Robert Le Masle que, desde que acabó la Gran Guerra, fue su confidente, su coleccionista, su archivero; el que moldeará su máscara mortuoria, hará acuñar su medalla conmemorativa en la Casa de la Moneda y dará su nombre a la pequeña plaza desde la que parte el funicular de Montmartre.

Paul Pétridès, convertido en marchante exclusivo de Utrillo en 1934, también tuvo el honor de posar, junto con su esposa Odette; o la tardía nuera de Valadon, que aspiró también –¡cuán *naïve*!– a ser pintora, firmando como Lucie Valore.

La colección de estos últimos retratos, salpicada por unos pocos lienzos pequeños, donde a menudo una única flor mojada en una copa de champán basta para transmitir la nostalgia de la artista envejecida, es el último testimonio de un arte dedicado a la representación de la vida íntima.

Conocidas son las palabras de Degas arrojadas a la cara de un principiante lleno de ambición: "En mi época. Señor, ¡no *se llegaba*! [a triunfar]". Esta lección adquiere toda su relevancia en nuestra época de manipulación, falsificación y especulación internacional con el arte.

En la primera parte de su carrera, Valadon encontró más compradores entre sus colegas mayores, en los críticos de arte y los directores de museos que en las galerías o entre los ricos marchantes.

Como sabemos, fue ya con veintinueve años cuando fue "admitida" en la exposición nacional y con cuarenta y cinco cuando tuvo su primera exposición individual (en París, en 1911, en la Galería Clovis Sagot), y apenas doce meses después de haber sido "aceptada" en el Salón de Otoño, y luego en el de los *Indépendants*.

Son varias las razones que explicans la tardanza en el reconocimiento de su talento: sin duda, su orgullosa preocupación por no mostrar al público una obra que ella considerada mejorable; pero sobre todo, así lo creo, la relegación –que ella aceptó y quizá propició– de su fama artística en beneficio de la de su hijo Maurice.

Durante la inauguración, el 17 de marzo de 1967, de la impresionante retrospectiva que le dedicó Bernard Dorival en el Museo Nacional de Arte Moderno, uno de los intervinientes dijo: "Hasta ahora, Suzanne Valadon era la madre de Utrillo. Ha llegado el momento de que Utrillo sea conocido como el hijo de Valadon."

Conviene repasar aquí los rasgos principales del drama –por decirlo suavemente–, de esta madre cuya ternura y generosidad no tuvieron límite. Niña sin padre, madre soltera en edad muy joven, Suzanne quiso ser a la vez madre y padre para su pequeño.

La historia no es clara, empañada como está por complejos muy comprensibles. Se ha escrito que Maurice era hijo de un pintor alcohólico y descarriado, un tal Boissy, cantante ocasional en el *Lapin Agile*, y que sólo por lástima un esteta español, el pintor, arquitecto, periodista, escritor, Miguel Utrillo y Molins, dio su apellido al niño, en su octavo cumpleaños.

Algunas informaciones recientes, parecen lo suficientemente fiables como para tener a Miguel Utrillo como el verdadero padre. Suzanne habría descartado el reconocimiento inmediato por causa de una ley española que concedía a los padres ilegítimos solteros la tutela completa sobre sus hijos. Sólo tras laboriosos procedimientos administrativos, se habría podido dar final y legalmente a Maurice el apellido de Utrillo. El hijo, sin embargo, por amor y gratitud filiales, siempre añadirá a su firma la letra "V".

Gratitud que pudo manifestar reiteradamente, pues desafortunadas circunstancias –más que un supuesto defecto hereditario nunca demostrado– le sumieron, antes de la adolescencia y hasta su muerte, en una terrible desgracia: había adquirido el gusto por el vino tinto, en compañía de los carreteros que lo cargaban en sus carretas entre el colegio Rollin de París y Sannois, donde residía su familia, y que le hacían beber con ellos en las fondas; el chaval, buen colegial, ducho en matemáticas y que componía versos para su madre, empezó a intoxicarse.

Entre los muchos médicos cuyas prescripciones fueron inocentemente obviadas por la complaciente abuela, bien merecería conocerse el nombre de aquel que, tan acertadamente, recomendó a la madre elegir la pintura como distracción del etílico vicio de su hijo. Maurice tenía apenas diecinueve años cuando su apesadumbrada madre, siguiendo el consejo, le puso unos pinceles en las manos.

A partir de entonces, todo Montmartre y todos los suburbios de la capital desfilaron sobre unos lienzos –más bien cartones– inmediatamente marcados con ese sorprendente don por la mirada colorida que heredaba de su madre. Desafortunadamente, el alcohol fluyó cada vez con más abundancia. Porque Utrillo cedía los frutos de su trabajo, a veces desaliñado, a veces milagrosamente rematado, a mozos de bar sin escrúpulos que, a cambio de una botella, incluso una copa, de vino, se preparaban, inconscientemente pero sin mayores riesgos, a convertirse en hábiles especuladores del comercio artístico y, algunos, aunque parezca mentira, en marchantes de pintura... o falsificadores.

Otros, además de los médicos, intentaron ayudar a Suzanne en su misión de rescate: el padre Soulier, que regentaba una tienda de lienzos en la rue des Martyrs y que había apoyado varias "esperanzas" –con poco dispendio, pero no por ello sin mérito en esa época–, así como el pintor Émile Bernard, el cronista Libaude, el actor Dorival (de la Comédie Française), y luego los escritores Francis Jourdain, Octave Mirbeau, y por último Picasso quien un día dijo a Utter que lo mejor que había visto en la galería Clovis Sagot eran las obras de Utrillo.

Sin embargo, Valadon seguía padeciendo su calvario: Maurice seguía bebiendo. "¿Ebrio? –le dijo en 1938 a un periodista–. Bebía hasta la gasolina. Pero cuando se la bebía ya estaba borracho por lo que no se daba cuenta. Habría sido capaz de tragarse incluso vitriolo de encontrarlo en la casa. Pero, y lo puedo jurar, a la mañana siguiente estaba tan fresco y pimpante como un árbol tras un aguacero. Mi hijo tiene una fuerza hercúlea."

Es cierto que el alcohol fluía en la Butte y alrededores. La raza de los "pintores malditos" –desde Toulouse-Lautrec hasta Modigliani– no era minoritaria. Al menos éstos, si murieron jóvenes, escaparon a las hospitalizaciones, la mayoría voluntarias, que ya en los años veinte, sumaban cinco en la vida de Utrillo. Y hubo otros ingresos, pues los esfuerzos maternos y los de Utter –más hermano que suegro–, se multiplicaron con ingenio y sin descanso. El exilio rural en el castillo de Saint-Bernard no tenía otra motivación.

Mientras tanto, la lamentable leyenda del pintor de chozas enfermizas, de fachadas leprosas, del mago de las paredes pálidas, aumentaba su valor comercial. Utter supo poner freno a su explotación por parte de los *mercantis*, y creó a su alrededor una red de admiradores, literatos, críticos y poetas, aun no famosos, pero ya influyentes. Los cuadros de Utrillo, por estos motivos, se vendieron mejor, en mayor número y más rápidamente que los de su iniciadora.

Pero ¡qué más da! El amor maternal era lo primero. Un amor que debió sentirse herido, más profundamente que en las peores circunstancias anteriores, por el matrimonio del eterno niño a la edad de cincuenta y dos años. Matrimonio que ella había más o menos propiciado, afectada por la vejez y la uremia, y preocupada por dejar al morir a "su pequeño" desamparado.

¿Previó que aún viviría tres años sin tenerlo cerca de ella? Quien la haya visto en esos años, sabrá hasta qué punto le dolió esa separación.

Una corona de amigos

En verdad, Suzanne Valadon sólo estuvo realmente sola cuando ella así lo quiso. Rara vez. Su amabilidad y bondad le atraían tanto respetuoso afecto como la originalidad de su mente y la singularidad de su talento.

Además de los compañeros de su juventud, tenía en el barrio a varias amigas, a menudo promovidas a rango de confidentes. ¿Qué ha sido de ti? Adèle, patrona del *Lapin à Gill* (o "ágil", antiguo "Cabaret de asesinos" tan celebrado por Utrillo), sucesora del pintoresco *père Frédé*? ¿Y Berthe y Estelle que sirvieron allí? ¿Y ustedes, las pequeñas criadas de Renoir, que le sirvieron de modelo cuando Suzanne se hacía la trenza de él? ¡Cuántas anécdotas encantadoras o picantes podrían contarnos!

El banquete que el crítico Tabarant organizó en su honor en 1924 en la Maison Rose para celebrar la firma de su contrato con la galería Bernheim se conserva en los archivos de la vida parisina del período de entreguerras, gracias a una fotografía en la que figuran entre otros: Francis Carco, el editor de arte Bernouard, los pintores Kars, Braque, Pascin, Derain, Hermine David, los críticos André Warnod y Gustave Coquiot, por supuesto Utter y la actual propietaria de ese documento, Germaine Eisenmann.

¡Todos amigos. ¡Y no estaban todos allí!

Ni tampoco todos estarán en la iglesia de Saint-Pierre-de-Montmartre en abril de 1938.

Suzanne había muerto en pocas horas de una hemorragia cerebral, la mañana del día 7, en una clínica de la calle Piccini. El pintor Kvapil y la señora Poulbot la habían encontrado sola e inconsciente en el suelo de su casa de la avenida Junot. Acababa de terminar una exposición de sus obras en la Galerie Bernier, marcada por un éxito rotundo.

Nos reunimos detrás del ataúd junto a Utter, Warnod, Michelle Deroyer, Gaston Poulain, Pierre Lagarde, Brunon-Guardia y de unas pocas docenas de personas anónimas, las más ancianas de las cuales representaban a la gente de Montmartre. Hablaron el director general de Bellas Artes Georges Huisman, André Salmon y Carco.

Después de la ceremonia, elegimos para intercambiar nuestros recuerdos la mesa que, en un café en la Place du Tertre, presidía un paisaje de Utrillo. Éste, alterado por esa muerte, había debido quedarse en su villa de Vésinet.

Poco después rimó este ingenuo y conmovedor soneto:

Criatura de Élite, imbuida de Bondad
En este mundo ella era la dura y desnuda verdad
Prodigando el Bien con duro discernimiento
Al humilde concediéndole su perfecta devoción
El Dios supremo a la deslumbrante niña
Le dio en su nacimiento el don divino del Arte y
los trazos infalibles del pincel encantador.
Ay, el destino fue cruel con el alma desaparecida,
que ingenua presa fue de mil tormentos.
Prodigándome siempre su dulce y amoroso corazón.
En este día de abril, tierna y cansada a su fin llegada,
deploré desde el cielo esta ley desconocida.
Llevándose de aquí abajo la felicidad en un instante.

En 1943, tuvimos la oportunidad, gracias a la complicidad de Lucie Valore y de Paul Pétridès, de llevar a Utrillo en peregrinación a la Butte. Totalmente relajado y aparentemente dichoso en esa excursión sentimental, nos señaló con precisión y comentarios pintorescos los lugares de su nacimiento y de su vida con su madre. De la casa de Mimi Pinson a la de Berlioz, pasando por la rue des Saules, rue Cortot y el *bateaulavoir* donde nació el cubismo. No todo Montmartre ha sido urbanizado. Muchos pintores aún viven allí, buenos o malos, ricos o pobres. Allí se arremolinan los turistas cosmopolitas, algunos en la basílica, otros, por la tarde, ante el deslumbrante panorama de la capital que se extiende a sus pies.

Se sigue bailando y besando bajo las aspas del *Moulin de la Galette*, donde tronaron los cañones de la Comuna, y que antes que muchos otros, ya en 1840, inmortalizó a Corot

SECRETOS DE UN ARTE

"Lo hermoso fabricado no tiene sexo." Esta frase citada en un artículo[1] de André Thérive dedicado a Suzanne Valadon la distingue de otras pintoras, Vigée-Lebrun, Mary Cassatt, Berthe Morisot, Jacqueline Marval, cuyo estilo y temas expresan la

1. *A.B.C. Magazine d'Art*, abril de 1927.

elegancia, la gracia, coquetería, incluso el preciosismo de la mujer.[1]

Valadon puede considerarse, en este sentido, como la libertadora de la condición artística femenina ya que, a partir de ella, el catálogo de nuestros artistas contemporáneos –pintores, escultores y arquitectos– ya no discrimina entre mujeres y hombres.

¿Significa esto que el arte de Valadon es esencialmente masculino?

Esto supondría privarlo injustamente de las características de su feminidad, por ejemplo de esa efervescencia, ese burbujeo, esa sensualidad y ese nervio que alguien ha comparado con la "el agitado *pathos* de una sibila" y que afloran constantemente en el gesto tras el trazo y en el destello de la pincelada. Sólo la audacia de su composición, la brutalidad de su forma y el realismo de su mirada motivan esa virilidad que algunos le han atribuido superficialmente.

Este hermafroditismo artístico, radicado en la naturaleza del ser, fue sin duda exasperado por las condiciones de una vida dedicada al trabajo y por la asociación, de igual a igual, con hombres que luchaban diariamente por descubrir nuevos conceptos artísticos y sustituir los clichés académicos, oficializados

1. Sólo a la edad de sesenta y ocho años aceptará exponer en un salón de mujeres pintoras, "Salon des femmes artistes modernes".

por la burguesía republicana o clerical, y representada por artistas como Bouguereau, Meissonnier, Gérôme, Léon Bonnat, Carolus Duran…

La revolución había empezado con Manet y Cézanne, siguió con los impresionistas (1874) y luego con los Nabis (1888). Los campeones de los diferentes movimientos interactuaban y se influenciaban entre sí, cuando no chocaban entre ellos. Pero el arte académico era unánimemente despreciado.

Sin sumarse a ningún movimiento, "la terrible María", a la cual repugnaba eso que ella llamaba "la pintura de señoras", escuchaba los razonamientos de sus iguales, entre los cuales el mayor era Puvis de Chavanes, cuarenta y un años mayor que ella, y el menor Toulouse-Lautrec, mayor de un año.

Toda su voluntad se encaminaba hacia la ambición de convertirse en una artista profesional. Trabajó para ello, como una humilde artesana, acumulando experiencias sin descanso, viviendo intensamente su vocación.

Desde la infancia hasta la adolescencia, esa vocación fue sólo por el dibujo. Admiremos la sabia paciencia de la aprendiz que sólo se acercó al color una vez dominado el dibujo.

A finales de siglo, el dibujo había recuperado, entre coleccionistas y artistas, el favor que había perdido

–al menos en su pureza– desde Ingres. Los pintores de Montmartre eran todos más o menos caricaturistas. Fue su forma de plasmar el movimiento naturalista creado por novelistas, dramaturgos y trovadores.

Suzanne quedó tanto más inmersa en esa tendencia que provenía de ese entorno que los Zola, Mirbeau y Goncourt se esforzaron en describir, con fuertes tintes sociales. Su terminología: "cruda realidad", "realismo psicológico", "naturaleza vista con temperamento", justificaba la audacia de los artistas que despreciaban los temas *nobles*.

"Estos dibujantes –escribió Pierre de Colombier– recibieron inconscientemente el influjo de las doctrinas realistas. Se contagiaron de su pesimismo. La visión rigurosa y despiadada, la tienen como una suerte de obligación moral. En cuanto artistas, se sienten obligados a la exactitud de los eruditos."

Arrastrada por esta corriente, la que fue modelo y se entrenó como acróbata, adquirió un conocimiento de anatomía tal que le impuso en el dibujo una autenticidad rayana en la disección. No sorprende, por tanto, que prefiera la *recreación* a la invención, y que se sienta más atraída por los cuerpos atormentados que por los desnudos sintéticamente ideales de la escultura antigua. Así, a su mentalidad de hija del pueblo se une el ascetismo de sus concepciones artísticas, junto a las posibilidades físicas de su mano. Una mano activa y fuerte, pero siempre dueña de sí misma, que marca la línea en el espesor del papel antes de surcar aún más el cobre del grabado. Una mano que afirma.

Puede decirse, y así los han dicho muchos, que Suzanne Valadon es una de las más grandes grabadoras del siglo.

Pero veámosla iniciarse en el color. Primeras pruebas, prudentes: primero utiliza el pastel, similar al carboncillo. Luego pasa a la pintura al óleo, usado con no mucha destreza en sus primeros cuadros, así en ese retrato de la hija de la portera de la rue Cortot (*Retrato de una niña*), que parece surgir de la niebla de Carrière, o los retratos de Satie y del pintor Bernard Lemaire o en la *Joven haciendo ganchillo*, hechos del mismo modo.

No será hasta 1903 –tras más de una década de estudios pictóricos– y acercándose ya a los cuarenta años cuando realiza con *La Luna y el Sol* la unión entre el estilo de su dibujo y el *tono absoluto*. En este cuadro se ve claramente el recurso al perfilado (heredado del dibujo), que ya nunca abandonará.

No siempre será negro como en este cuadro. Seis años tardará en darle otro color al perfilado, en un cuadro que hará con gran convicción y que titulará sucesivamente *Dos figuras, Después del baño* y, por último, *Ni blanco ni negro.*

El perfilado que ya practicaban casi todos los primitivos y que Manet retomó, lo volvieron a proponer la Escuela de Pont-Aven, Toulouse-Lautrec y Degas. Al descubrir sus virtudes en el arte japonés, los cartelistas, como Mucha o Cappiello, y los ilustradores de periódicos lo adoptaron, usándolo en modo más o menos filiforme o modulado, y, más tarde, también lo usará Rouault, recalcándolo en recuerdo de su profesión de vidriero.

En Valadon, el perfilado adoptará, por todo el cuadro y según el tono local circundante, todos los colores de su paleta. Delimitará "el trozo" a la vez que exaltará el tono. Conviene mirarlo de cerca para descubrir su secreto y, sin embargo, siempre está presente, confiriendo armonía. Así, encerrado, el color se realza. El cromatismo es directo, casi tan crudo como en los *fauves.* Pero a diferencia de éstos, no se extiende sobre grandes zonas. El color se aplica en gruesas capas yuxtapuestas, a veces estridentes, siguiendo el sentido de la forma, lacándose en sucesivas adiciones, a menudo animadas por sutiles veladuras, que se sustituyen a los efectos del claroscuro. Su iridiscencia difunde una luz que parece emanar del interior de los cuerpos, de los objetos o de los paisajes.

Este método consigue un éxito pleno en dos obras maestras: *El baño* y *Bañistas* (1923). Parece que con ellas Valadon hubiera obtenido una especie de doctorado en pintura que le permitirá desde ese momento abordar sin complejos todos los problemas que plantean las representaciones del desnudo, en interiores o exteriores, los retratos, las naturalezas muertas, los paisajes, los animales. Domina plenamente su oficio y podrá desde entonces, por el mero placer de pintar, disfrutar de la sabiduría que lenta y, seguro, ávidamente ha acumulado.

¿Será este acervo un obstáculo para cualquier progreso? Ciertamente, no. Se advierten en la producción de sus últimos quince años de vida nuevos atrevimientos, sobre todo en el ritmo de la composición y en la crudeza del color. Pero sin caer en los cambios de estilo a lo Derain o Vlaminck, ni en las ruidosas rupturas y agresivas invenciones como las del demiurgo Picasso.

Siendo la pintura su manera de expresarse, su escritura y sus palabras, pintará con la volubilidad y la seducción de los bardos, con la franqueza de la infancia, con el calor de la carne, con el aroma de los jardines y la pureza de los cielos. Cantará la tierra mientras muestra conejos, perdices y peces sobre la encimera o sobre la silla de paja.

Creará remansos de flores en floreros barrigones sobre coloridos manteles. El crítico Marius Mermillon tuvo la oportunidad de verla pintar esas flores: "Vi –escribe– en el pequeño taller de paredes blancas nacer uno de estos ramos mágicos. En dos horas de reloj, un soberbio boceto lleno de audacia y libertad irrumpió bajo la mano de la pintora. Semejantes logros nos hacen creer en el pequeño dios del azar. Quisiéramos gritar: 'No lo toques más'. El verdadero milagro es que al día siguiente, el lienzo terminado conservaba la frescura de esta violencia. La exaltaba incluso más... No sabía que hubiera en las flores –rosas, claveles, gladiolos, lilas– tal vigor de savia, semejante sed de luz, tal deseo de tomar forma y, como dijo Wilde, de 'encontrar su expresión'. Las flores de Valadon quieren vivir sus vidas."

Con esa misma mano y animada por el mismo sentimiento, ennoblecerá a las mujeres de sus amigos –historiadores del arte o pintores– en retratos dignos de los grandes maestros del pasado. Será, antes que Picasso y Van Dongen, la mayor retratista de su época.

En 1937 su actividad empezará a mermar. Al empeorar su salud, produce poco, pero su país la honra haciendo importantes compras de sus obras. Celebremos en este sentido la visión del Ministro Jean

Zay, del Director General de Bellas Artes Georges Huisman y del Inspector General Robert Rey, gracias a los cuales nuestros museos nacionales, y sobre todo el Museo Nacional de Arte Moderno,[1] pueden dar a conocer a las nuevas generaciones la importancia de esta artista.

En este santuario de arte vivo, el más rico y activo de Francia, cuando llega el verano, jóvenes de todo el mundo, hábilmente guiados entre los Bonnard, los Renoir, los Matisse, los Picasso, los Paul Klee, los Mondrian y los Poliakoff, entre otros..., se detienen, sorprendidos, ante la franqueza de *La habitación azul*, cuya mejor descripción hasta la fecha es la que da el Sr. Pierre Georgel en el catálogo de la Exposición de 1967: "Contemporáneo del *Baño* de 1923, magistral logro de la investigación de Valadon en la figura en exteriores, esta *Habitación Azul* aparece como la suma de sus investigaciones sobre la figura en interiores, ya sea en cuanto retrato, pintura de género o incluso desnudo, aunque la modelo esté vestida. Al arte del retrato remiten la cabeza marrón, la pose expresiva, que comunica, junto con la mirada, la pesadez, la espesa languidez, la vulgaridad de la modelo, que se aprecia también en su vestimenta y en su forma de fumar. La silueta, para la antigua modelo

1. Hoy también conocido como Centro Pompidou. [N.del T.]

de Lautrec, también es vehículo de expresión, tanto como el rostro en sí mismo. De la pintura del desnudo, reconocemos la distribución poderosa y verdaderamente arquitectónica de los volúmenes corporales, intensamente presente bajo la ropa. La composición enérgica y sumaria contribuye en gran medida a dar peso al conjunto: el espacio carece de profundidad, dividido en tres volúmenes simples, horizontales y paralelos. Si nos remontamos once años atrás, a *El futuro desvelado* de 1912, encontramos la misma pose, invertida, con pequeñas variaciones, de la figura central, la misma colocación de las masas, el mismo tratamiento expresivo del rostro: la imaginación de Valadon no se esfuerza en cambiar, sino en ahondar. El modelado un tanto seco y monótono de 1912 se ha convertido en un auténtico espectáculo de relieves; el rostro bien definido, una cabeza con carácter; la decoración, antes cargada pero de correcta precisión, donde el sofá tenía una superficie sobria y lisa, invade ahora toda la composición, sobrecargándola de colores y motivos decorativos: con todos los efectos ampliamente estudiados en anteriores desnudos; el aire está saturado de azul. La sensualidad de Valadon encuentra su medida en el exceso de riqueza de este cuerpo y de estos tejidos entremezclados, en la materia espesa, como triturada con un trazo impaciente, marca de una pintora en plena posesión de su técnica, que confiere un acento moderno a esta renovada *Habitación azul* de las Odaliscas de Ingres y de los antros de Lautrec. "

En la sala dedicada a ella en el [Pompidou], toda la obra de Valadon se presenta en torno a este cuadro fundamental que es *La habitación azul*, como atajo que nos introduce en su intimidad. Vemos ahí: dos de sus famosos autorretratos, los de 1883 y 1903; el perfil del pequeño Maurice y el de su abuela; el lienzo de 1910 donde se unen la octogenaria y el joven de veintisiete años, al que vemos pintar, la mirada tensa, nueve años después; uno de los bellos desnudos para los que posó Gilberte, la pequeña sobrina; la serena escena de género cuyo pretexto es el retrato de la ama de llaves Lily Walton; o también, dos composiciones donde el cuerpo de André Utter recibe un cariñoso homenaje: *Adán y Eva* y *Lanzando la red*. Guirnalda humana salpicada por un bodegón con violín –en el que se adivina en el fondo la parte baja del cuadro *Lanzando la red*– y un bodegón con ramo de claveles, así como una vista del *Castillo de Ségalas*, en la misma línea que los pintados por Utrillo en esa época, y la famosa *Iglesia de Saint-Bernard* entre los árboles, de aire cézaniano, donde el perfilado juega con el entrelazamiento de las ramas sobre el edificio y en el cielo esmaltados. En este lienzo, Valadon demuestra la verdad de una definición que le había dado, según dijo ella, Renoir y que adoptó como principio: "Un cuadro logrado, es oro y plata".

Son pocas las obras de esta artista en las que el gusto por lo decorativo esté ausente.

Desde sus inicios con el color, procuró llenar el lienzo con líneas que se cruzan o entrelazan detrás del modelo. Posteriormente, serán los tallos y las hojas de sus cuadros hechos al aire libre –"plein air"– los que enmarcan sus desnudos o, en los cuadros en interiores, las ondulaciones de las sábanas y las cortinas. Los papeles pintados y los tapices sobrecargados de flores y arabescos crearán, detrás y alrededor de sus figuras, atmósferas orientales. Este gusto también se manifiesta en los vestidos de algunos retratos de mujeres –por ejemplo, los de Madame Maurice Gustave-Coquiot (1915) y Dames Rivière (1924)– y en los jarrones rústicos de origen bresano o catalán.

¿Tenía presente al hacerlo a uno de los más fervientes practicantes de este recurso: Memling, pintor, por ejemplo, de la *Virgen* del museo de Viena? Lo importante es que no lo utilizara como un artificio, sino como vehículo de su amor por la exuberancia tal y como lo encontramos, en otras formas, en sus paisajes y en sus construcciones florales de aire japonés.

Cuando renuncia a estos ornamentos, será la organización de las líneas horizontales, verticales u oblicuas de las tablas, mesas y paredes, o de las masas combinadas de las arquitecturas, la vegetación y el terreno lo que cree el equilibrio y la plenitud de sus composiciones. Observemos a este sentido la función primordial de los azulejos rojos en todas las decoraciones interiores pintadas en el castillo de Saint-Bernard, o de las estructuras de las sillas rústicas, o también de la profundidad, más o menos en perspectiva, de los planos de sus mesas y de sus aparadores.

Nociones adquiridas o invenciones personales –de seguro ni unas ni otras debidas al azar–, serán retomadas o redescubiertas por Matisse, por Picasso y por Braque.

Su instinto mágico de la luz es otra característica de su poder creativo. En diez años de estudios, logra progresar del contraste de luces y sombras a la luminosidad radiante.

Elimina cualquier sombra que no contribuya a la perfección cromática. La iluminación queda dada por la sutileza del perfilado y por los matices en las relaciones tonales que anulan recíprocamente sus virulencias. Ésta es la lección de Gauguin y, en cierta medida, la de Van Gogh, por quien Suzanne nunca ocultó su admiración.

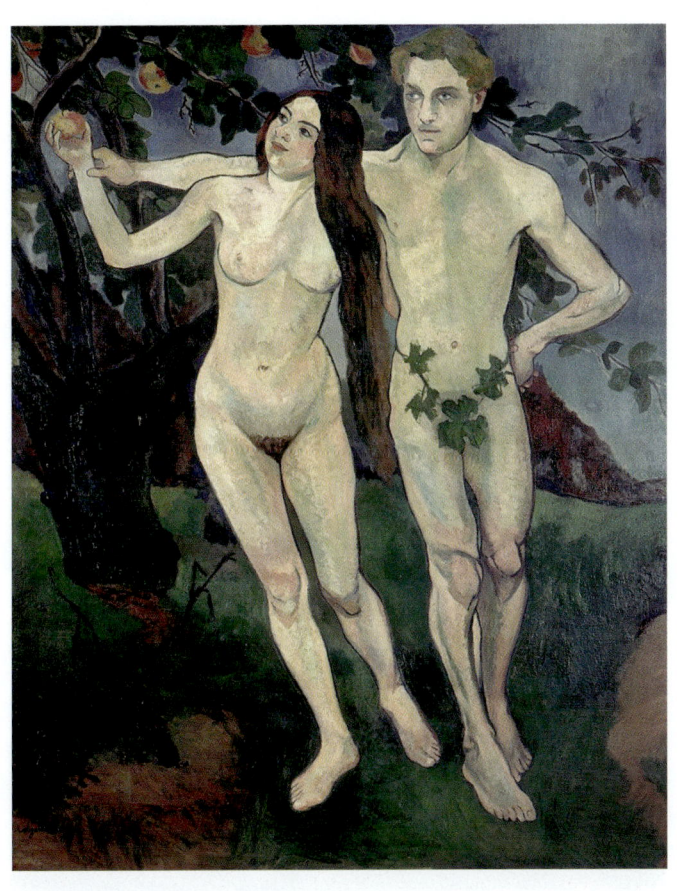

Suzanne Valadon, *Adán y Eva*, 1909
Centre Pompidou, París

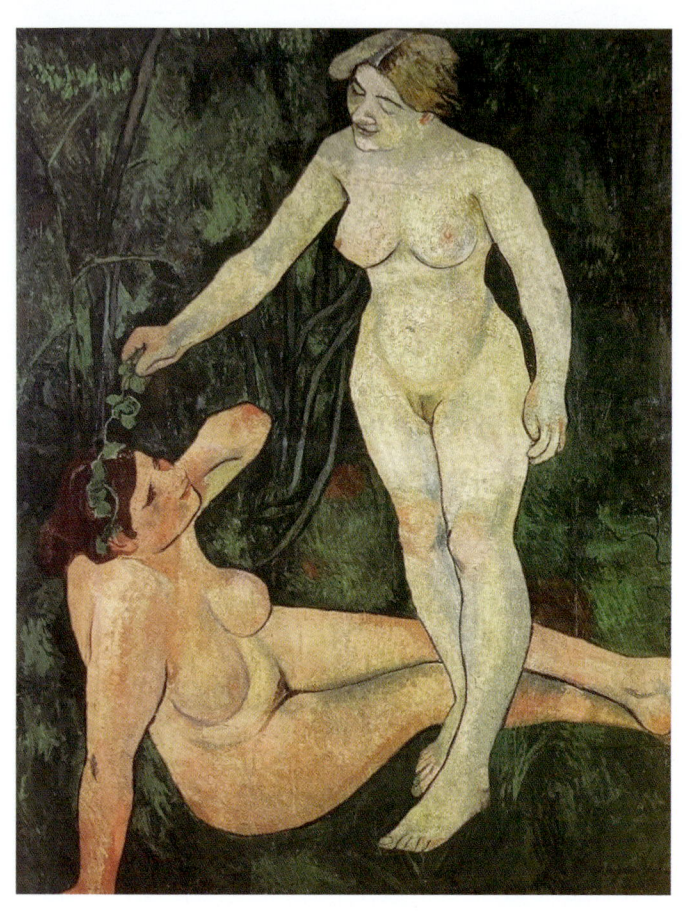

Suzanne Valadon, *La luna y el sol*, 1903
Colección privada

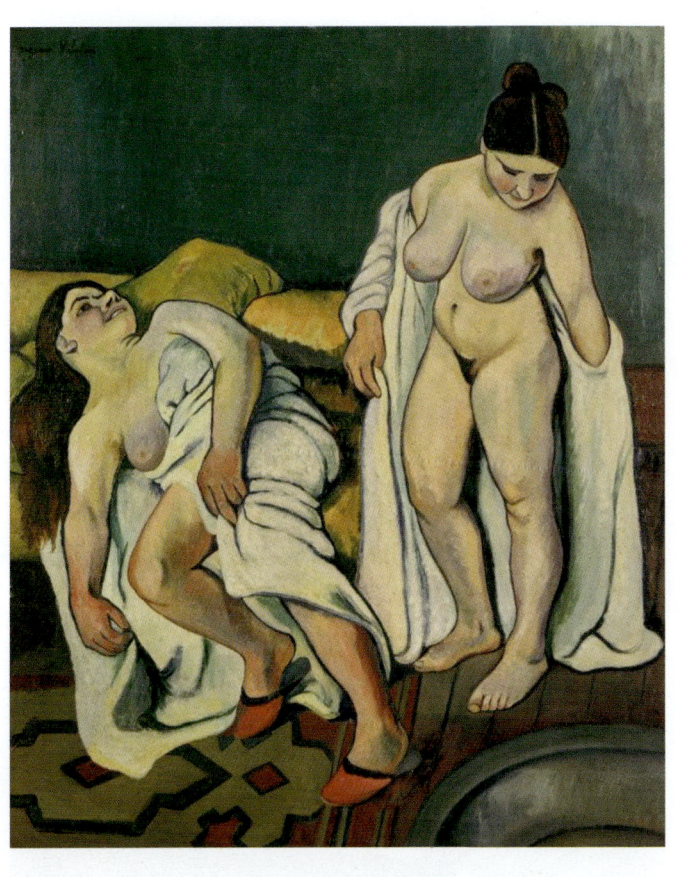

Suzanne Valadon, *Dos figuras* [o *Ni blanco ni negro*], 1903
Centre Pompidou, París

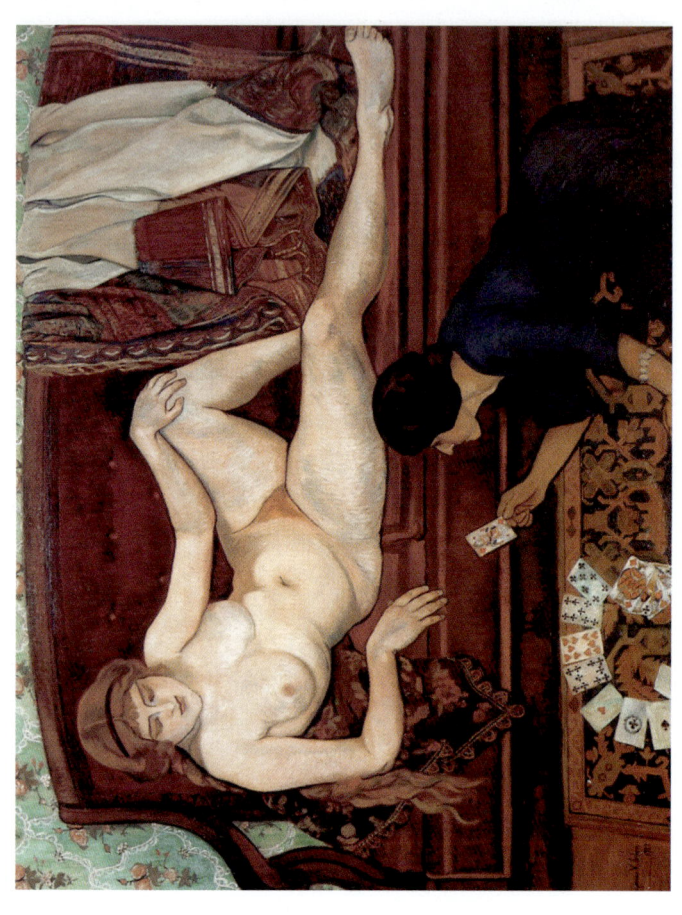

Suzanne Valadon, *Futuro revelado*, 1912
Musée Petit Palais, Ginebra

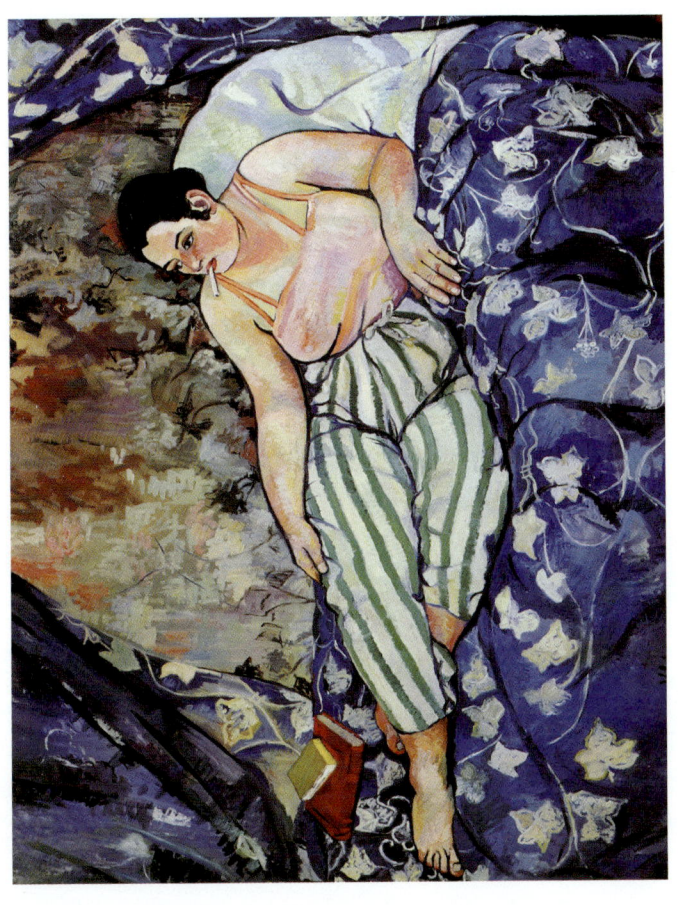

Suzanne Valadon, *La habitación azul*, 1923
Centre Pompidou, París

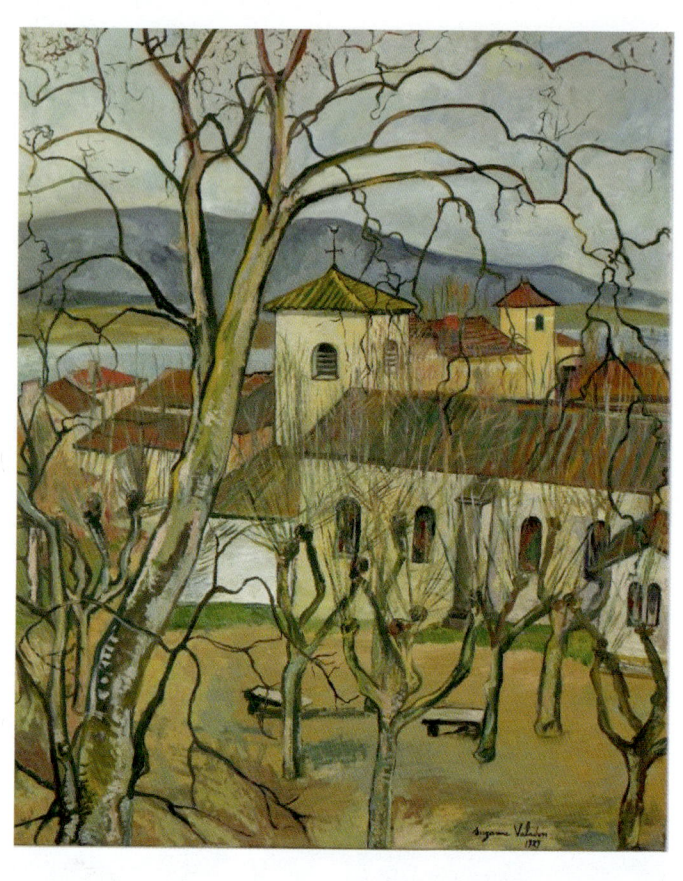

Suzanne Valadon, *Iglesia de Saint-Bernard*, 1929
Centre Pompidou, París

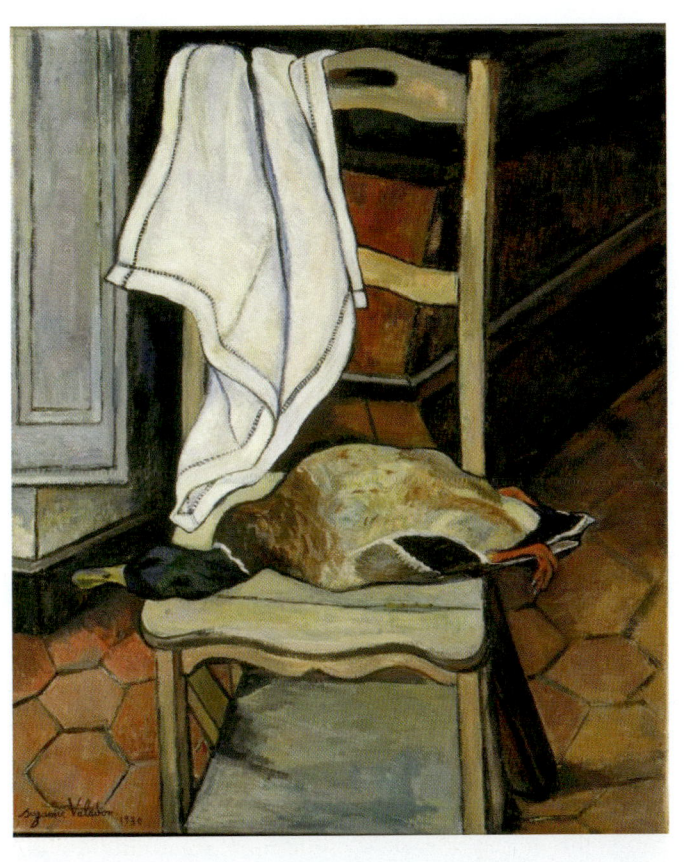

Suzanne Valadon, *El pato*, 1930
Centre Pompidou, París

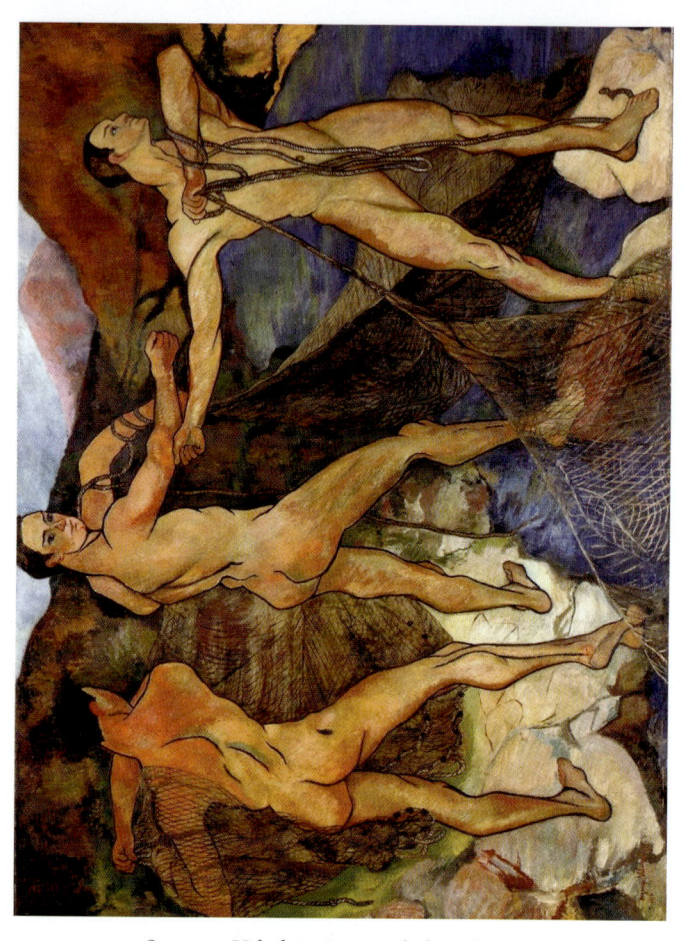

Suzanne Valadon, *Lanzando la red*, 1914
Centre Pompidou, París

Ella misma, llegando al final de su experiencia en este campo, abrió las puertas a la de Modigliani, el cual tenía por ella filial respeto y profundo cariño.

Los *Dos desnudos* (o *El Baño*) de 1923 son un ejemplo del éxito de esta alianza entre decoración e iluminación. Estamos ante dos mujeres jóvenes con cuerpos generosamente desarrollados. La de la izquierda está sentada, sujetando con el brazo un paño estampado. La de la derecha está de pie; las voluptuosas sinuosidades de su espalda y sus caderas constituyen, con los pliegues de la sábana que las acarician, una unidad escultórica. A sus pies, el conjunto rocoso forma grandes mosaicos, a los que responden en contra-luz las ramas recortadas en el cielo. Una euritmia que nace del ensamblaje de las diferentes partes –brazo de la bañista sentada, ondear de la sábana, curvatura de la rama siguiendo el movimiento de las cabezas–, la impresión de instantaneidad de las posturas –los gestos en suspenso, las piernas amagando un movimiento, el follaje temblando en una ligera brisa– todo converge aquí, a pesar de la violencia de la policromía, en una espléndida armonía.

Sin embargo, el tema del cuadro, retomado de los artistas más antiguos, sublimado en determinadas épocas y desgastado por los tenores de los Salones oficiales, está tratado de la manera más realista. Un realismo que, gracias al genio, ha ganado sus cartas de nobleza.

Tema y variación del pintor moderno –todos lo han practicado, incluso Picasso–, mercancía más fácil de vender que los desnudos y las composiciones, los bodegones con flores son los únicos en la producción de Valadon que pueden ser calificados como de "serie". Sin que debamos por ello rebajarlos al nivel de una "mecanización" cualquiera como muchos desgraciadamente han hecho. Todo lo demás es trabajo de búsqueda, invitando el fracaso a un nuevo enfoque en pos del objetivo fijado.

¿No dijo ella misma con una filosofía teñida de amargura: "Cada cual pinta como ve, lo que equivale a decir que cada cual pinta como puede". O también: "Básicamente, creo que la verdadera teoría la impone la naturaleza: la naturaleza del pintor, primero; la de lo que representa, después"?

En esta pintora no hay un primer modo, un segundo estilo, ni nada semejante, tampoco hay épocas. Sólo una pasión ilimitada por desarrollar los conocimientos que le permitirán expresar su forma de ver, de sentir... de vivir. Una lenta prospección, sin solución alguna de continuidad. Una independencia absoluta. Y, paradójicamente, una mente abierta a cualquier iniciativa estética distinta a la suya propia, siempre que su promotor demuestre ser "un verdade-ro pintor".

No podía perdonar a un pintor que no fuera bueno. Entonces, su sarcasmo se explayaba, fuera quien fuera la persona en cuestión. Atacó verbalmente los acade-micismos practicados en las escuelas públicas o pri-vadas y, al hacerlo, no escatimó tampoco la enseñan-za del cubismo que impartía André Lhote en su taller de la rue du Départ en modo no muy distinto a como lo hacían Devambez o Laurens pontificando en la escuela Nacional de Bellas Artes.

Armada de su logrado "autodidactismo", animó a los jóvenes que acudían a consultarla a abandonar esos talleres para trabajar solos y a frecuentar museos y exposiciones. Seguía atenta las investigaciones de estos jóvenes y, sin pretender enseñar en el sentido tradicional de la palabra, las comentaba, criticaba y animaba.

Acompañarla en sus visitas a las galerías y escu-charla hablar, lúcida e incisiva, ante los cuadros valía tanto como todas las puntillosas "correcciones" de los profesores. Su análisis podían referirse tanto a la obra total de un maestro como Renoir como a los prime-ros pasos de un novato como Roland Oudot.

En varias ocasiones, hacia 1932, asistí a estas confe-rencias ambulantes donde su placer aumentaba al mismo tiempo que su pasión cuando por casualidad encontraba un interlocutor de opiniones contrarias.

La iniciación a la pintura era aún más profunda cuando se era recibido en la avenida Junot para contemplar uno de sus cuadros en proceso y aprender de su boca los motivos y secretos que lo animaban. Las palabras "naturaleza" y "belleza" reaparecían como *leit-motiv* y constituían los criterios de sus juicios. Y por muy severos que fueran, no le impedían apreciar todo tipo de géneros, estilos y movimientos, no habiendo participado ella en ninguno de ellos, pero habiendo reconocido la pertinencia de los mismos y enriqueciéndose indirectamente con algunas de sus aportaciones.

Quizás sea aún prematuro analizar hasta qué punto Suzanne Valadon dejó su huella en otros pintores. Un examen en profundidad de la pintura llamada figurativa, así como indagar entre los artistas que la han admirado podría arrojar alguna indicación.

Resulta, sin duda, más sencillo advertir influencias parciales, aquí y allá. Así, algunos han tomado prestada su técnica de "perfilado voluntario"; otros se han dejado seducir por su manera de superponer y yuxtaponer tonos puros planos. Pero la adopción de estos recursos es menos importante que la del espíritu de verdad que su arte difundió ampliamente y que sin duda liberó a un gran número de artistas plásticos de sus complejos de timidez. El "miserabilismo" que ella retomó de Daumier se expandió de Picasso a Bernard Buffet pasando por Francis Gruber.

Estas breves observaciones bastan para confirmar el sistema evolutivo de las artes. Por independiente que sea o quiera ser un creador, hereda conocimientos del pasado y se empapa de los logros de sus contemporáneos. Los grandes maestros nunca han renunciado a las tentaciones de la imitación a las que se abandonaron. Pero su personalidad les salvó de convertirse en plagiadores y les llevó a transformar el planteamiento de sus modelos para determinar el suyo propio.

Las amistades artísticas o literarias de Valadon, que fueron numerosas, de excelsa calidad y a menudo afectuosas, le dieron, día tras día, esa cultura que en su infancia no tuvo y que será el abono de su arte. Sus colegas la habían apodado "la musa de la generación de Gauguin" y "duquesa Susana". También podríamos haberla coronado como "Sacerdotisa de la Pintura".

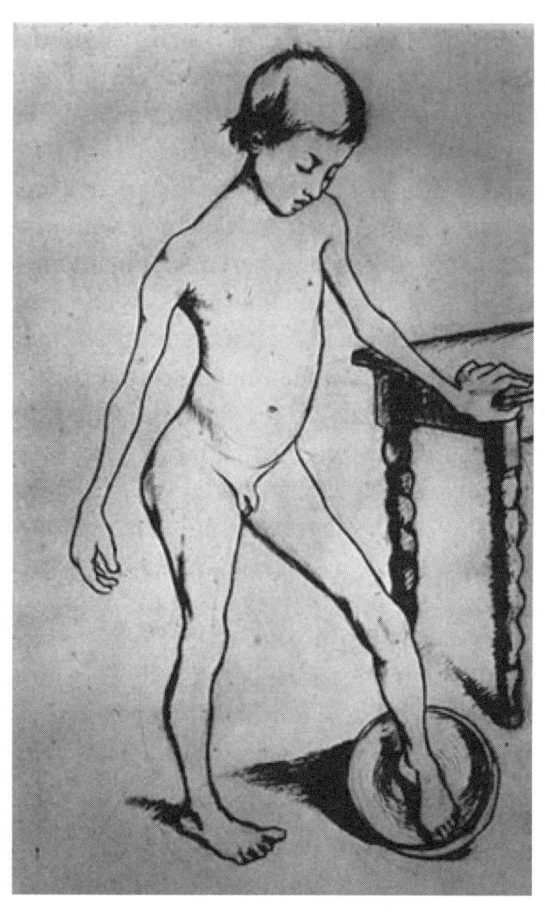

Suzanne Valadon, *Maurice, jugando con la palangana*, 1894
dibujo, colección privada

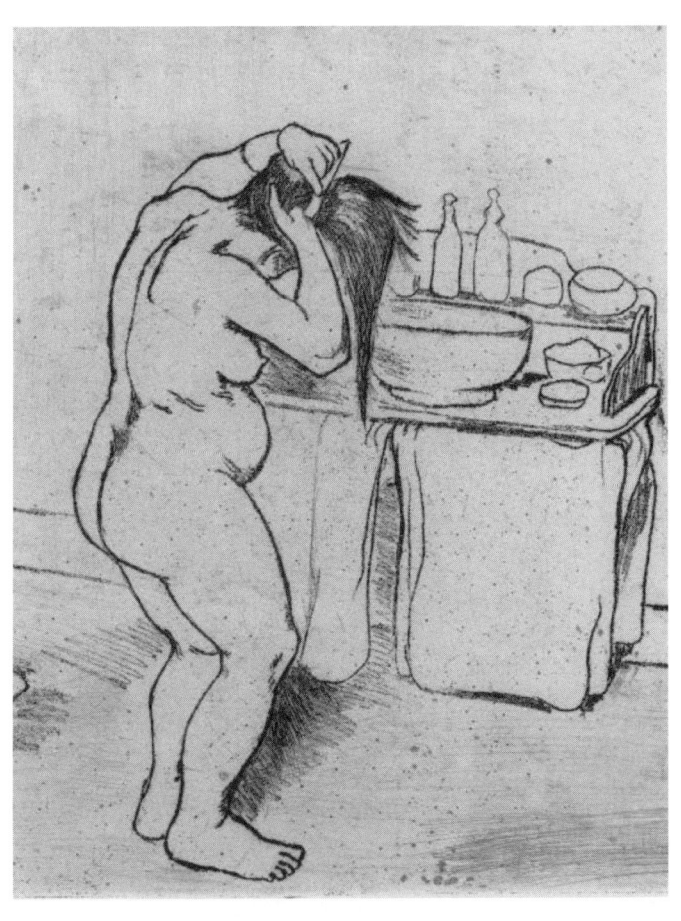

Suzanne Valadon, *Catherine peinándose*, 1895
grabado

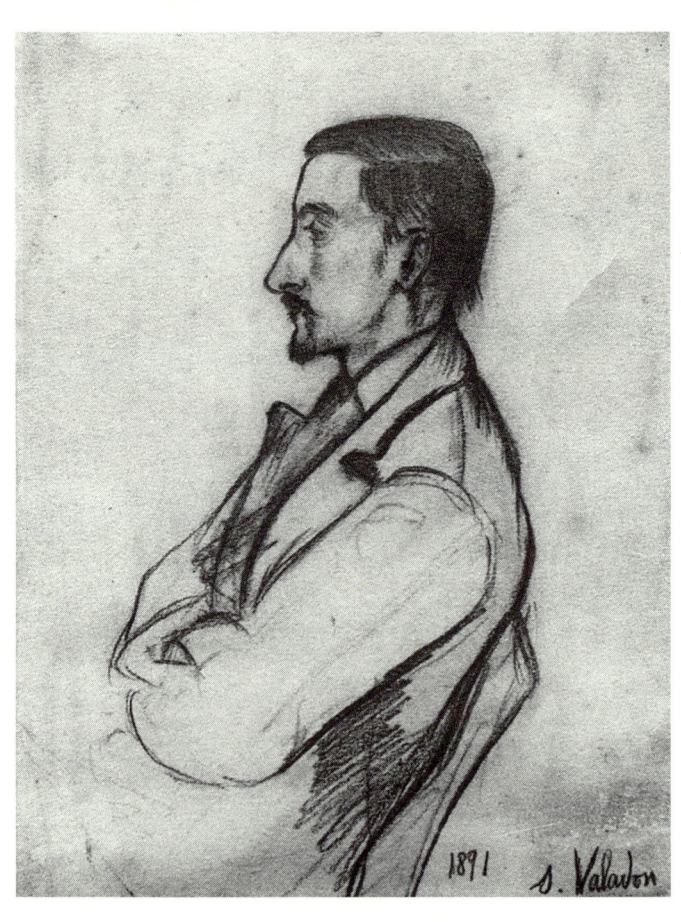

Suzanne Valadon, *Miguel Utrillo*, 1891
dibujo, colección privada

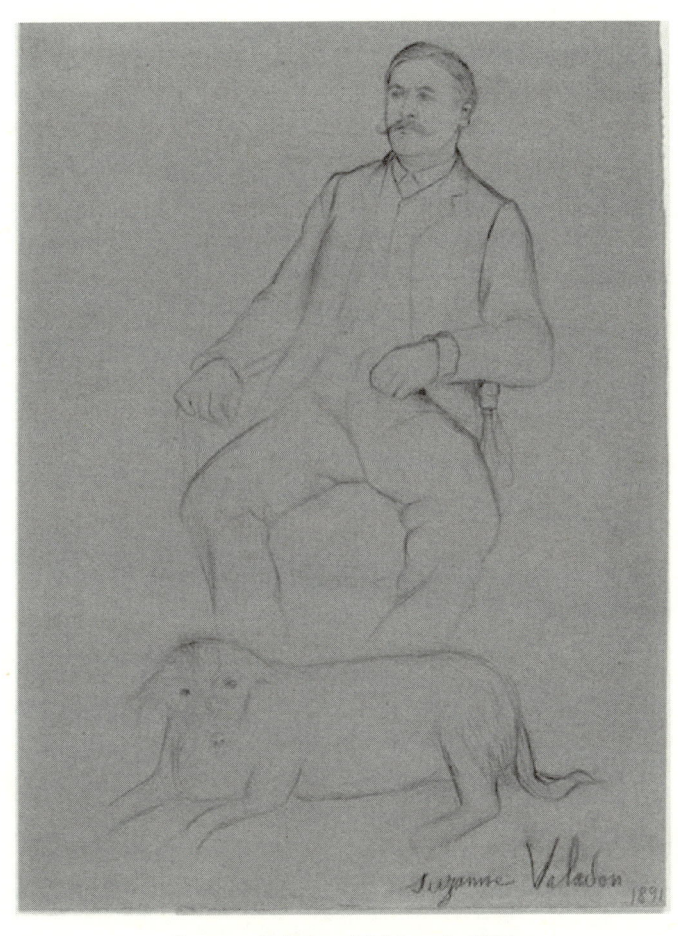

Suzanne Valadon, *M. Moussis*, 1891
dibujo, Centre Pompidou, París

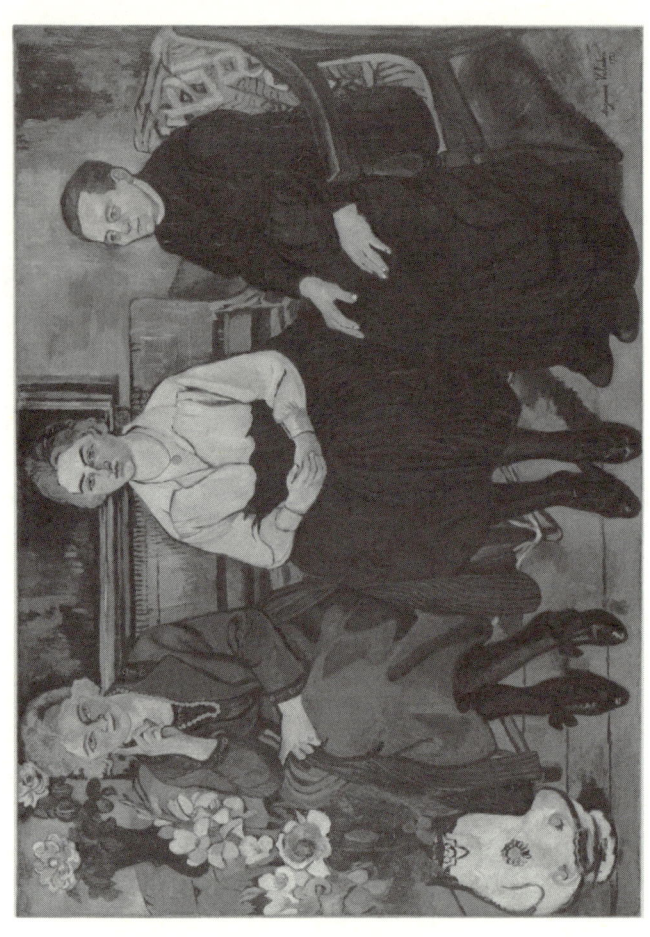

Suzanne Valadon, *La familia Utter*, 1921
óleo, Centre Pompidou, París

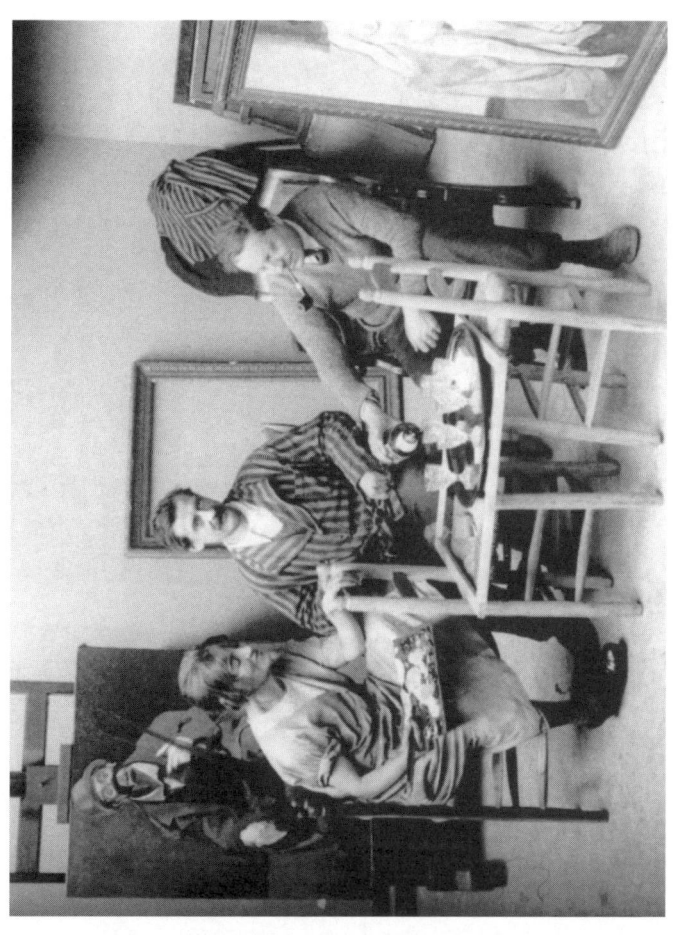

Suzanne Valadon, Maurice Utrillo y André Utter
aperitivo en el taller, 1926

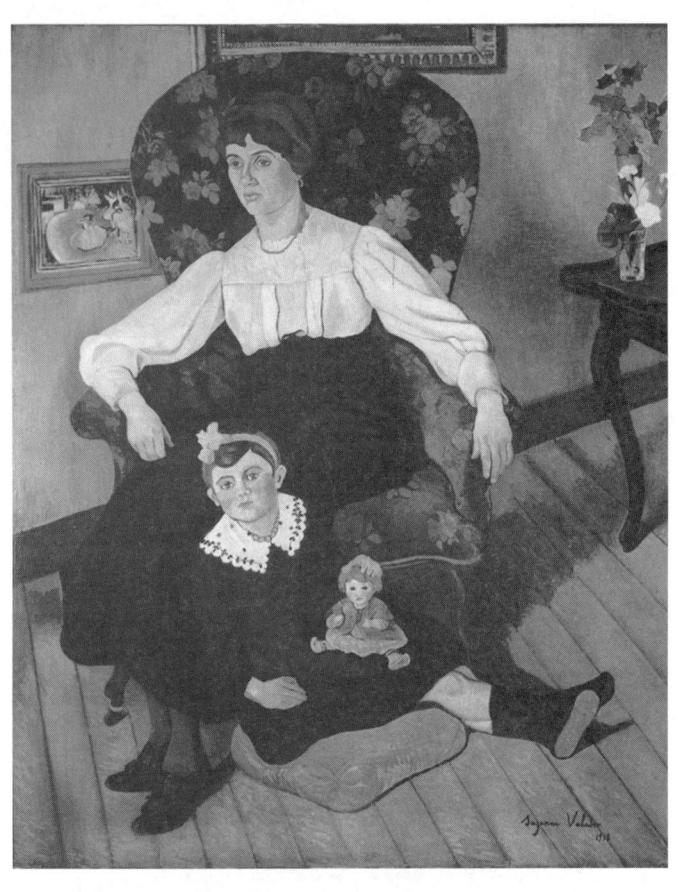

Suzanne Valadon, *Marie Coca y su hija Gilberte*, 1913
óleo, Musée des Beaux-Arts de Lyon

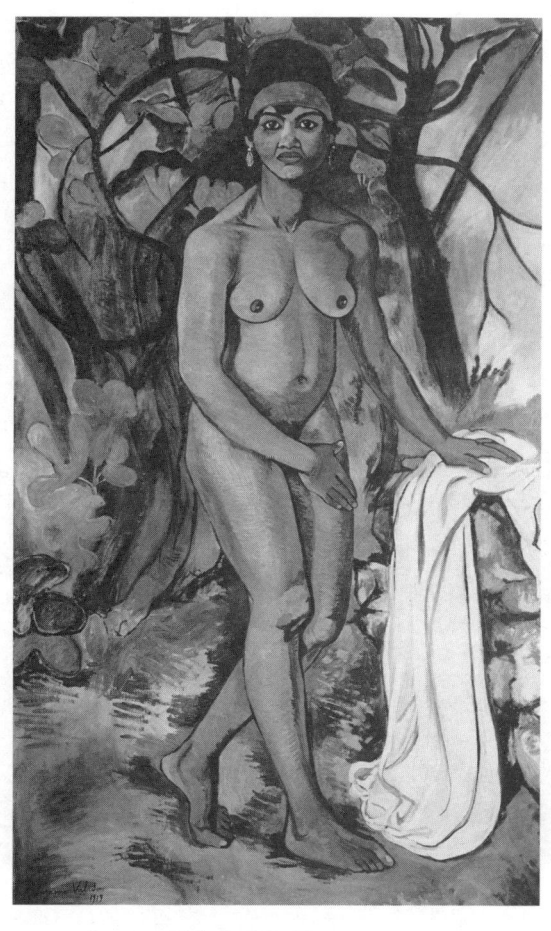

Suzanne Valadon, *La Venus negra*, 1919
óleo, Centre Pompidou, París

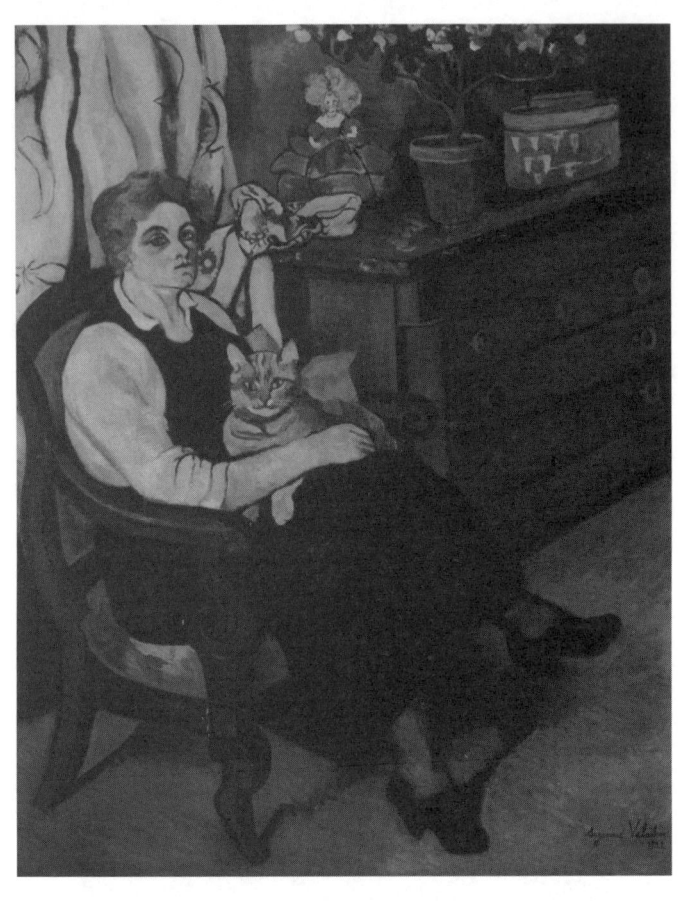

Suzanne Valadon, *Miss Lily Walton*, 1922
óleo, Centre Pompidou, París

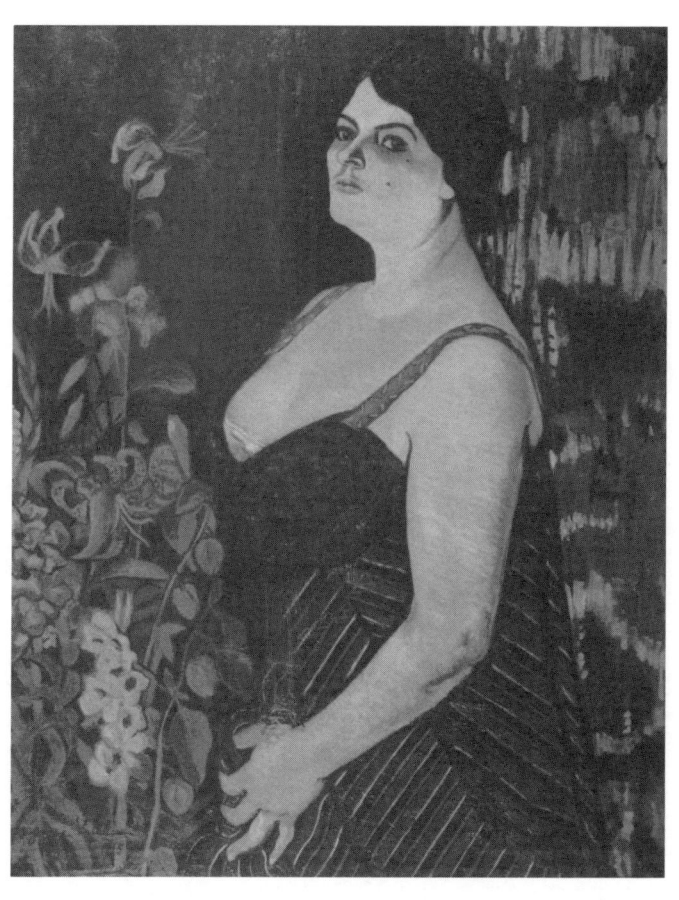

Suzanne Valadon, *Mauricia Coquiot*, 1915
óleo, Centre Pompidou, París

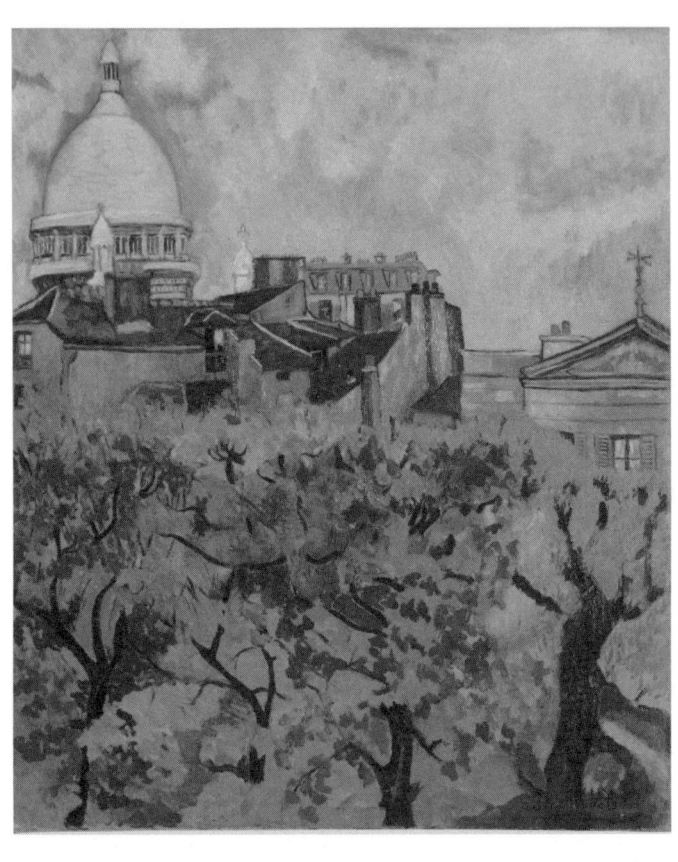

Suzanne Valadon, *El Sacré-Coeur desde el jardín de la rue Cortot*,
1916, óleo, Centre Pompidou, París

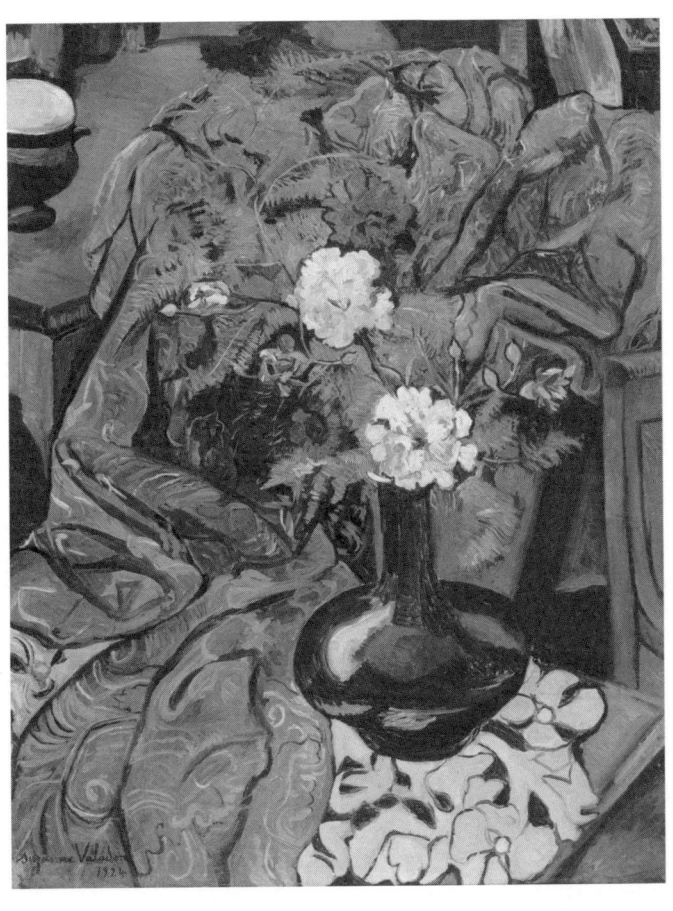

Suzanne Valadon, *Bodegón con telas y ramos*, 1924
óleo, Centre Pompidou, París

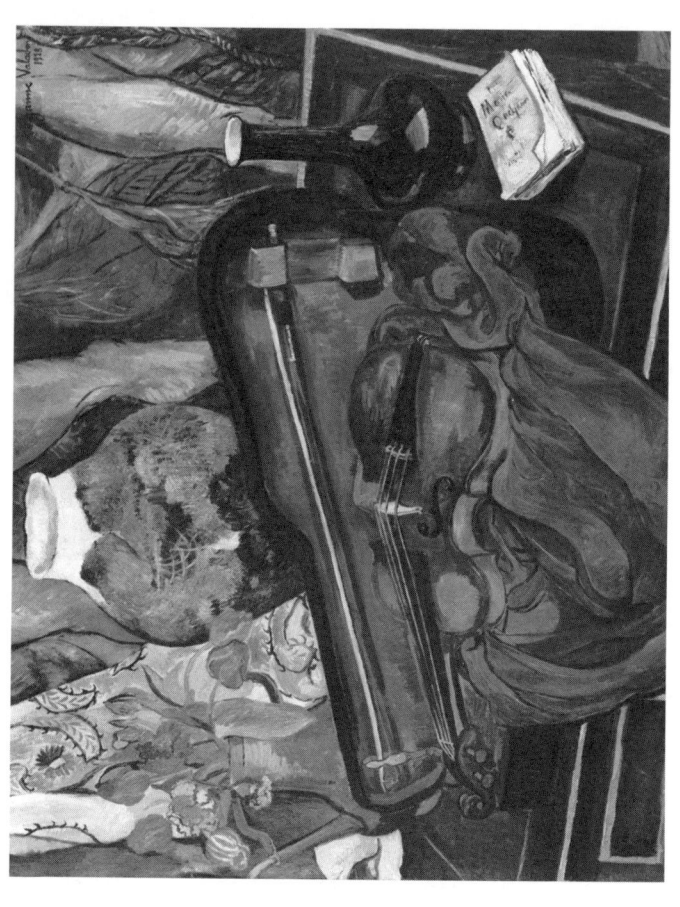

Suzanne Valadon, *El violín*, 1923
óleo, Centre Pompidou, París

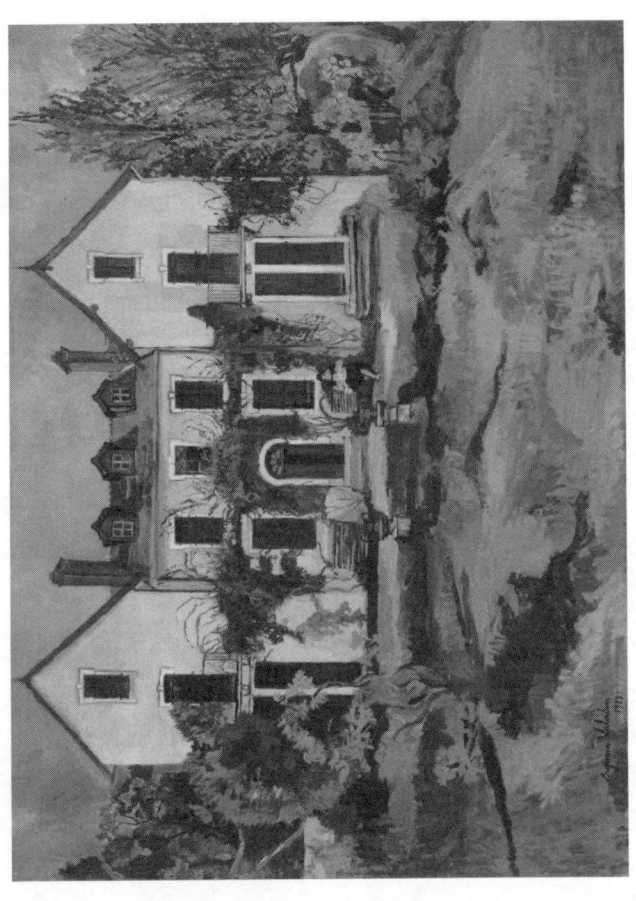

Suzanne Valadon, *El Château de Ségalas*, 1923
óleo, Centre Pompidou, París

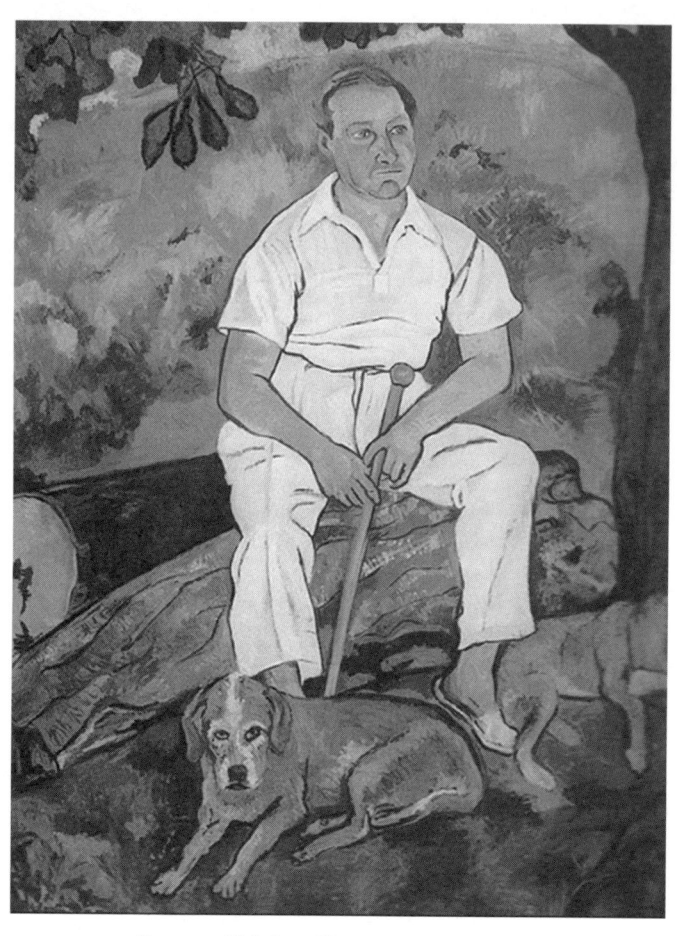

Suzanne Valadon, *Utter y sus perros*, 1932
Metropolitan Museum of Art, Nueva York

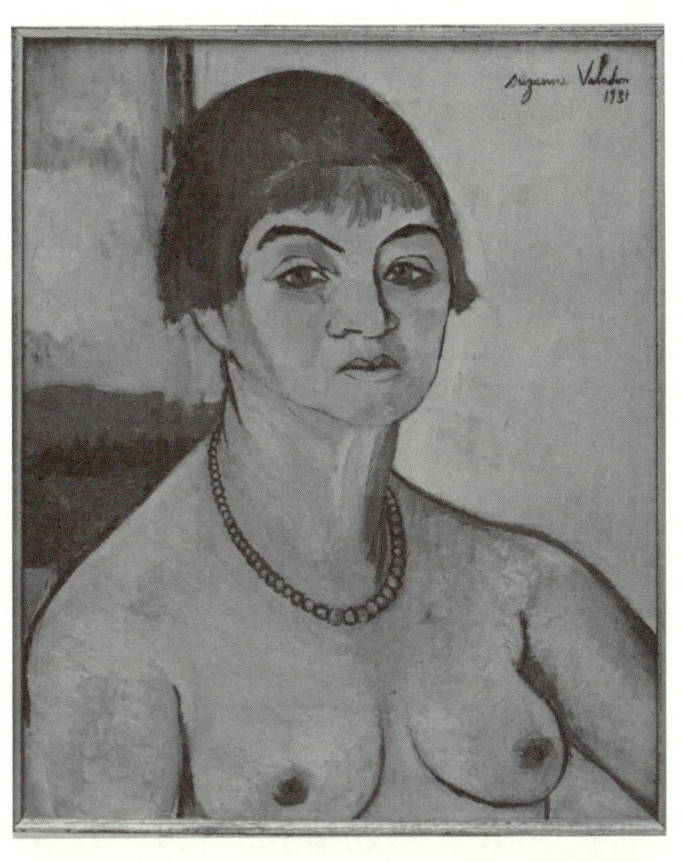

Suzanne Valadon, *Autorretrato con pecho desnudo*, 1931
Colección privada

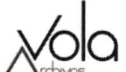

Giovanni Gherardo de Rossi:
Angelica Kauffmann, pintora (1741-1807)

Piet Mondrian:
Pureza de la pintura

Griselda Pollock:
Mary Cassatt, pintora impresionista

Alicia Rodés Vilà:
Pieter Bruegel El Viejo, El vino de la fiesta de San Martín

Stéphane Mallarmé y Paul Valéry:
Berthe Morisot, pintora impresionista

Yvonne Bourget:
Sarah Bernhardt, actriz (1844-1923)

Amelina Correa Ramón:
Amalia Domingo Soler y el espiritismo de Fin de siglo

Ramón Gómez de la Serna:
Pintoras

Bea Porqueres:
Sofonisba anguissola, pintora (1535-1625)

François Crastre:
Rosa Bonheur, pintora (1822-1899)

Margarita Nelken:
Tres tipos de Vírgenes

Rainer Maria Rilke:
Auguste Rodin: cartas al maestro

Romeo Galli:
Lavinia Fontana, pintora (1552-1614)